D1870713

Klaus Berger

Die Wahrheit ist Partei

Klaus Berger

Die Wahrheit ist Partei

Öffentliches Handeln und biblische Weisheit

HERDER

FREIBURG · BASEL · WIEN

Gedruckt auf umweltfreundlichem,
chlorfrei gebleichtem Papier

Alle Rechte vorbehalten – Printed in Czech Republic
© Verlag Herder Freiburg im Breisgau 2007
www.herder.de
Satz: Barbara Herrmann
Druck und Bindung: CPI Moravia Books, Pohorelice 2007
Umschlaggestaltung und Konzeption:
R·M·E München/ Roland Eschlbeck, Liana Tuchel
ISBN 978-3-451-03001-7

Inhalt

1 Von Tugenden und Visionen ... 7
Wo gibt es hier Weisheit? ... 7
Was ist Wahrheit? ... 18
Braucht Politik Visionen? ... 23
Die Alphatiere und die Tugendlehre ... 33
Öffentliche Verantwortung ... 36

2 Gibt es eine politische Ethik? ... 40
Gerechtigkeit ... 40
Widerstand gegen Konformismus ... 45
Gewaltlosigkeit ... 46

3 Unternehmertum ... 49
Geld und Wirtschaft ... 49
Lob des Unternehmers ... 61
Wer hat, dem wird gegeben ... 67

4 Arbeit ... 77
Gibt es ein Recht auf Arbeit? ... 77
Arbeit und Würde ... 79
Arbeit und Ruhe ... 80
Arbeit und Lohn ... 82
Arbeit gehört zum Menschsein ... 88

5 Soziales ... 90
Einer trage des anderen Last ... 90
Ursprung in der Freundschaftsethik ... 93
Nächstenliebe und Eigenliebe ... 96
Ehe und Familie ... 109
Mann und Frau ... 113

Gesundheit ... 117
Der Fremde ... 119

6 Bildung und Unterricht ... 123
Das zentrale Thema der Weisheitsschriften ... 123
Achtung des Alters ... 126
Mühe und Geduld ... 127
Orientierung an der Zukunft ... 129

7 Medien ... 132
Die Wortlastigkeit der Bildung ... 135
Ein Geschäft auf Leben und Tod ... 135
Das Gesetz schützen ... 136

8 Schluss ... 138
Plädoyer für eine Kulturrevolution ... 138
Menschenrechte in der Bibel? ... 149
Ausblick: Prüfsteine für eine christliche Politik ... 159

1 Von Tugenden und Visionen

Wo gibt es hier Weisheit?

Die Wut über Sonntagsreden und Parteiprogramme

Dieses Buch versteht sich nicht als moralische Keule, nicht als flammender prophetischer Appell, das schmerzhafte Unrecht in der Welt zu beseitigen. Es geht darin allerdings um das Recht oder Unrecht, das im Rahmen öffentlichen Handelns und Wirkens geschieht.

Dieses Buch entstand aus Wut gegen geistig anspruchslose, ewig dozierende Sonntagsreden über Moral und Öffentlichkeit, wie ich sie seit Jahrzehnten höre. Es richtet sich speziell gegen Parteiprogramme aller Parteien, die zu lesen eine Qual ist und überdrüssig macht.

Kritisch betrachtet wird im Folgenden das gesamte sprachliche Inventar unserer *correctness*. Dazu gehören nicht nur die gestanzten Begriffe, gegen die niemand „etwas hat“, sondern mehr noch die unklaren Vorstellungen. Also all das, was unendlich gut gemeint, aber im Einzelfall jeder Willkür der Deutung ausgesetzt ist. Dazu gehören Konzeptionen wie:

- Menschenrechte, die in der Bibel gründen;
- Politik aus Nächstenliebe;
- öffentliches Handeln aus Barmherzigkeit;
- Gesundheit als höchstes Gut;
- die von den Medien geübte öffentliche Toleranz;
- die Gleichheit von Mann und Frau auf christlicher Basis;
- die weltfremde Ethik Jesu;
- der Preis für Wahrheitsliebe in der Medienlandschaft;
- die Förderung von Ehe und Familie durch alle Parteien;
- die Fremden wie sich selbst zu lieben;
- Altruismus als moralischer Selbstbetrug.

Ich erörtere alle diese Themen als Bibelwissenschaftler. Denn für geschätzte fünfzig Prozent der Legitimation unserer sogenannten allgemeinen Werte muss doch die Bibel herhalten. Mir liegt daran, diese Legitimationen und die zu ihnen führenden Deutungsprozesse als das aufzudecken, was sie sind: betrügerische Scheinmanöver, Verschleiß und Verbrauch von kantigem biblischem Urgestein zu langweiligen Floskeln der Allerweltsmoral; ein betulicher Versuch, aus der Botschaft der Propheten eine passende spätbürgerliche Ideologie zu machen. – Die Botschaft dieses Buches ist daher nicht nur konstruktiv, sondern geht zunächst einmal auf die Nerven.

Ich gehe aber davon aus, dass im günstigsten Fall die Spannung zwischen der biblischen Basis und der gegenwärtigen Vermarktung der Texte unaufhebbar ist. Und dass es nützlich ist, sich dieser Spannung auszusetzen.

Das Ziel könnte dann sein, ehrlicher mit den Lieblingsfloskeln unseres öffentlichen Lebens umzugehen. Das Ziel könnte auch sein, wieder intellektuellen Appetit, ja bohrende Neugier zu entwickeln, statt geistigen Plattenbau zu betreiben.

Nicht zuletzt könnte dieses Buch Menschen nützen, für die unsere traditionellen Werte nichts mehr bedeuten (wie Teilen unserer Jugend), oder solchen, die sie nicht für selbstverständlich halten und daher nicht zwangsweise übernehmen wollen – im Zuge der Globalisierung werden wir damit ja deutlich konfrontiert. Denn immer stärker nehmen wir wahr: Diese „Werte“ sind keineswegs selbstverständlich. Letzten Endes kommen sie aus einer jüdisch-griechischen Kultursynthese, deren jüdischer Teil hier kritisch dargestellt ist. Was fremd ist, bedeutet zugleich Reichtum. Hinter diesem Gegensatz verbirgt sich genau das, was eben auch an biblischer Weisheit „Wort Gottes“ ist.

Weisheitstraditionen

In diesem Buch geht es um biblische Weisheitstraditionen, und zwar durchaus im technischen und literarischen Sinne des Wortes. Doch sie werden nicht um ihrer selbst willen dargestellt.

Mir liegt nämlich daran, die Einsichten aus diesen Quellen für öffentliches Handeln heute auszuschöpfen. Das ist riskant, aber aus meiner Sicht lohnt sich ein erster Versuch dieser Art.

Die interkulturelle biblische Weisheitstradition sehe ich dabei in diesem Buch als Schlüssel zur Auffindung des Christlichen in der Politik. Diesen Schlüssel finde ich nur indirekt in den theologischen oder christologischen Aussagen der Bibel. Aber ich finde ihn direkt in der Frage nach dem richtigen öffentlichen, politischen Handeln in den weisheitlichen Traditionen des Alten und des Neuen Testaments angesprochen.

Unter Weisheit verstehe ich dabei in knappen Sätzen gesammelte Erfahrungen und Weisungen aus dem Leben, wie sie in den biblischen Quellen enthalten sind, ich meine dabei nicht Texte speziell national-israelitischen Charakters. Dabei sind folgende Aspekte wichtig:

1. Ihr Interkultureller Charakter

Die Weisheitstexte der Bibel stehen gedanklich und literarisch in einem engen Zusammenhang mit gleichartigen Texten der umgebenden Kulturen. Das zeigen die enge sachliche Nähe und ein gemeinsamer Kodex von Normen und Maximen. „Weisheit“ bedeutet in diesem Kontext Niederschlag von Erfahrungen im Miteinander von Menschen.

Zu den Weisheitstexten der Bibel zähle ich: Proverbien (Sprüche Salomos), Kohelet (Prediger), Jesus Sirach, Weisheitspsalmen, Weisheit Salomos, Oden Salomos. Bei außerbiblischer Weisheit beziehe ich mich auf Texte wie die „Weisheit des Amenemope“, Pseudo-Phokylides, die Sentenzen des Sextus, Demonikos, die Sprüche Achiqars und viele andere. Im Hintergrund stehen die Kulturen Sumers und Babylons, Ägyptens, Persiens, Griechenlands und Roms.

2. Der Zusammenhang von Ökonomie und Ethos

Im Unterschied etwa zur Nachfolge-Ethik der Evangelien ist das Verhältnis der Weisheit zu Besitz und Ökonomie, zu Arbeit und Tausch grundsätzlich positiv. Freilich bleibt eine grundlegende Skepsis besonders gegenüber ausuferndem Reichtum. Die Rede vom „Raubtier-Kapitalismus" etwa entstammt dem Buch Sirach (13,18f: „Lebt etwa die Hyäne mit dem Hund in Eintracht? Wie kann der Reiche in Eintracht leben mit dem Armen? Des Löwen Fraß sind die Wildesel in der Wüste; so sind die Armen die Weide des Reichen"). Die wichtigste soziale Dimension ist für alle Weisheitsschriften das öffentliche Ansehen. Diese Ordnung ermöglicht es, dem Weisen – das sind zum Beispiel die Weisheitslehrer – selbst einen hohen Rang in der Gesellschaft zuzuweisen. Und weil die Wirklichkeit, auf die sich Weisheitsschriften beziehen, vor allem der Markt ist, wird auch Weisheit selbst als ein Gut des Marktes verstanden, für das entsprechende Werbung notwendig ist. Die biblische Weisheit konkurriert offen mit anderen Angeboten. Im in den biblischen Schriften typologisch gewordenen Streit zwischen „Frau Weisheit" und der „Hure" wird eben der Streit zwischen Weisheit und Anti-Weisheit ausgetragen.

3. Die Maxime „Initium sapientiae": der Anfang der Weisheit

„Die Furcht des Herrn ist aller Weisheit Anfang" ist in der biblischen Weisheitsliteratur öfter zu lesen. Dabei geht es nicht um Frömmelei: Weisheit bedeutet vielmehr vorrangig Achtsamkeit, das Im-Auge-Behalten der Mächte und machtvollen Faktoren, mit denen Menschen im Leben rechnen müssen. Weil Gott ein schlechthin unberechenbarer Machtfaktor ist, kommt es auch darauf an, die zu schützen, die Gottes Schützlinge sind. Die Gebote Gottes erscheinen den Weisheitslehrern dabei nicht obskur, sondern als hellste Aufklärung. Hier ist der bekannte Zusammenhang von Recht und Ethos zu nennen. Das bedeutet: Die Gebots-Formulierungen der Torah (Recht) stimmen oft überein mit den Mahnungen der Weisheit (Ethos).

4. Die Frage nach Politik und Elite

Bei der Weisheit des gesamten Vorderen Orients, die wir in den Blick nehmen, handelt es sich um ein Standesethos. Sie richtet sich an die in der Öffentlichkeit jeweils maßgebliche, einflussreiche Gruppe. Diese Gruppe ist die handelnde Elite – und es wird im Folgenden deutlich werden, dass wir auf Vergleichbares auch im künftigen Europa nicht werden verzichten können. Es gab Zeiten, da das Wort „Elite" mit Recht verpönt war, denn zu nahe lag dabei die Assoziation von einem Gemisch aus Ordensburgen (Nazis) und Geldadel. Die Eliten Europas hatten nach zwei Weltkriegen ausgedient oder abgedankt. Nach einer Zwischenphase, in der umgedrehte Revolutionäre und hemmungslose Opportunisten eine Rolle spielten, bekennt man sich heute gerne zur Notwendigkeit, Begabte besonders zu fördern, statt sie durch Gerede von der Chancengleichheit zu quälen.

Wiederholt richtet sich biblische Weisheit direkt an die „Könige". Sie ist das entscheidende Attribut des Herrschers, des politisch Mächtigen – den wahrhaft Mächtigen zeichnen gerade nicht schiere Finanzkraft oder gar Gewalt aus. Weisheit ist insofern Ausdruck einer „aufgeklärten" Politik. Eine solche Orientierung biblischer Weisheit trifft sich mit den zeitgenössischen hellenistischen Herrscherspiegeln, die vom „weisen König" reden, wie etwa die Rede 1 von Dio Chrysostomus, dem Vertreter der kynisch-stoischen Diatribe. Dabei geht die biblische Weisheit in der Regel nicht von einem monarchischen, sondern von einem aristokratischen Führungsmodell aus. Weisheit dient der Erziehung der jungen, männlichen Führungsschicht. Dabei versteht sich diese Elite nicht als eine gegen andere gerichtete Elite, sondern als Elite für andere.

5. Die Bedeutung der Öffentlichkeit

Weisheit erweist sich vor allem im öffentlichen Diskurs, in der Rede in der „Volksversammlung“ (*ekklesia*), die der Bürgerversammlung, dem Parlament vergleichbar ist. Die oberste Norm ist die Achtung voreinander im Rahmen dieser Veranstaltung. Dabei beachte man: Die *ekklesia* des hellenistischen Judentums hat einen doppelten Ausgang: Gerade die Weisheitstexte der griechischen Bibel belegen häufig die „Versammlung“ aller Mitglieder einer jüdischen „Gemeinde“ (Männer, Frauen, Kinder). Aus diesen Versammlungen wurde einerseits die innerkirchliche Öffentlichkeit der Christen als der „Versammlungsleute“ (das Wort für Versammlung wurde hier zur Gruppenbezeichnung) wie auch andererseits die neuzeitliche Demokratie. Denn auch sie baut wesentlich darauf, dass Menschen sich versammeln (zur Wahl, durch Stellvertreter im Parlament und so weiter).

6. Die Priorität von Bildung und Erziehung

Die Weisheitsschriften lassen erkennen, wie wichtig und zentral Ausbildung, Erziehung, Belehrung, Pädagogik, Jugendarbeit und Wissenschaft für eine Gesellschaft sind. Für ein aktuelles Verständnis und die Umsetzung christlicher Politik ist dies ein wichtiges Signal zur Orientierung. Dabei geht es sowohl um Wissen als auch um die Regeln des sozialen und diplomatischen Miteinanders.

Weisheit 6,17 sagt: „Denn ihr [sc. der Weisheit] Anfang ist ganz aufrichtiges Verlangen nach Bildung, ernstes Nachdenken über Bildung aber ist Liebe“. Damit werden die jungen Männer auf das zentrale Thema „Liebe“ angesprochen. Auch die griechische Kultur spricht von der „Liebe“ zur Weisheit (*philo-sophia*). Dass die Weisheit Freundin und Geliebte ist, hat auch damit zu tun, dass sie schön ist. Und sie ist schön, weil es in ihr um Ordnung und Gleichgewicht, um Harmonie im Miteinander geht.

Durch die Weisheitstradition bildet sich der Typus des Politikers heraus, der auch aufgrund seiner Bildung Einfluss gewinnt und angenehm wirkt. Nicht der Söldnerführer und Haudegen wird seither als geeigneter Führer eines Volkes und Politiker angesehen, sondern der durch Erziehung rhetorisch und wissenschaftlich geformte Mensch.

7. Gerechtigkeit

Eine zentrale Dimension der Weisheit ist Gerechtigkeit. Gerechtigkeit ist nicht eine subjektive Tugend oder eine Charaktereigenschaft, sondern eine „kommunitäre“ Leistung. Gerecht ist derjenige, der anderen das Zusammenleben mit sich ermöglicht. Die ganze Abhandlung der jüdisch-hellenistischen Weisheitsschrift Pseudo-Phokylides trägt die Unterschrift: „Dieses sind die Geheimnisse der Gerechtigkeit“ (V. 229).

Das bedeutet: Solche Weisheit ist grundsätzlich sozial orientiert. Dazu kommt: Die sozial Schwachen, die Gruppen der Witwen, Waisen, Tagelöhner und Armen sind traditionell die Klientel des orientalischen Herrschers. Sich um sie zu kümmern ist seine Ehrenpflicht. Und es sind die politisch Mächtigen (und solche, die es werden wollen), die traditionell die von der Weisheit Angesprochenen sind.

8. Die Elemente Skepsis und Kritik

Kennzeichen der Weisheit ist nicht nur Skepsis gegenüber Reichtum und militärischer Macht. Zur Skepsis, die die Weisheit pflegt, gehört auch die der Politik gegenüber, gegenüber der politischen Weisheit selbst. Es war diese Skepsis sich selbst gegenüber, die Selbstkritik der Weisheit, die nach den Darlegungen des Apostels Paulus in 1 Korinther 1 im Falle der Kreuzigung Jesu bei den beteiligten Politikern versagt hat. So ist die Kreuzigung Jesu der Ausweis des hoffnungslosen Scheiterns einer Weisheit, die nur nach Macht und Reichtum schielt.

Das letzte Ziel der weisheitlich motivierten Skepsis gegen alle Weisheit ist nach Paulus dagegen der Frieden unter Menschen. Der aber kommt nur zustande, wenn Wissen, Geld und Ansehen keine Rolle mehr spielen. Insofern setzt Paulus hinter wichtige „Werte“ der traditionellen Weisheit ein großes Fragezeichen. Überspitzt gesagt, schaffen sie Mord statt Frieden. Nun ist freilich die Kritik an den „Normen und Werten“ der Weisheit so alt wie die Weisheit selbst. Denn immer wieder warnt die Weisheit vor dem naiven Vertrauen auf alles, was glänzt, stark und mächtig ist. Nicht nur die biblische Weisheit, Weisheit überhaupt kann bezeichnet werden als „kritische Wissenschaft von dem, worauf man bauen und setzen kann“. Das sind gewiss zunächst die bürgerlichen Werte. Und sie sind keine Unwerte. Aber die Kritik fängt schon an, wenn man ihr Verfallsdatum bedenkt. Und sie führt dazu, dass man sich die Folgen für das Miteinander ausdenkt, wenn man diesen Werten ihre Eigengesetzlichkeit belässt, nämlich immer mehr zu werden, immer mehr haben zu wollen. Es ist nicht so, dass die Grundlage dieses Buches – die Einschätzungen der biblischen Weisheit – von Paulus als nicht maßgeblich angesehen werden. Nein, auch Paulus argumentiert kritisch gegen bürgerliche Werte im Sinne der Weisheit.

In 1 Korinther 1 wird erkennbar, dass eine naive Orientierung an den Macht-Werten Unfrieden bringt; konkret geht es um die Parteiungen in Korinth. Als Heilmittel gegen diesen Streit schlägt Paulus vor, von den Kriterien der („bürgerlichen“) Weltweisheit (Macht, Wissen, etc.) überzuwechseln zu den Kriterien der Weisheit Gottes. De facto sind das Anti-Werte: Liebe, Friede, Sanftmut, Gewaltverzicht statt Gewaltgebrauch und so weiter. Erst wenn man sich dualistisch an den Maßstäben Gottes orientiert, gibt es Frieden.

9. Die Eigenschaft der Konservativität

Zur kritischen Rolle der Weisheit gehört die Autoritätskritik. Hier bewährt sich die Weisheit in der kritischen Konfrontation mit den Mächtigen, und hier liegt der Ursprung der engen Verbindung zwischen Weisheit und Martyrium. In dem

Konflikt mit den in der Gegenwart Mächtigen, die die älteren Normen außer Kraft setzen wollen, ist der Weise Anwalt der ehrwürdigen Tradition. Im Neuen Testament dann wird die Weisheit in dieser Rolle auch durch den heiligen Geist abgelöst.

Weil die Erfahrung der Weisheit gleichzeitig (in der Regel) Niederschlag von Weisheit vieler Generationen ist, gehört die Achtung der Älteren, der Eltern und der „alten" Autoritäten – König Salomo ist in der biblischen Tradition einer von ihnen – zu ihren Themen.

10. Ihr messianischer Charakter

Salomo, der biblische Weise schlechthin, hat zahlreichen kanonischen und außerkanonischen Weisheitssammlungen seinen Namen geben müssen. Salomo ist aber zugleich Sohn des Königs David und als solcher Prototyp des „Sohnes Davids", der in der Endzeit als Messias erwartet wird. Gerade in diesem Sinne ist Jesus Messias. Denn die vier Evangelien zeigen, dass er ein Kind der Weisheit ist, Weisheit lehrt und weisheitliche Sanftheit praktiziert. So ist das Bild des weisen Königs grundlegend gerade für die christliche Auffassung von Messianität geworden. Und umgekehrt ist jeder, der sich für sein Handeln auf die Nachfolge Jesu Christi beruft, auch gehalten, als Politiker nach dem Bild des weisen Königs zu entscheiden. Die gelehrte, im Streitgespräch erwiesene, in Geduld und Leiden erprobte Weisheit Jesu ist es, die ihn als den Messias erweist. Wer zu ihm gehören will, also zu dem gesalbten (*christos*) König, der sollte als Christ Anteil haben an dieser geduldigen Weisheit der Menschenfreundlichkeit und des Machtverzichts. Übrigens entwerfen auch zeitgenössische Herrscherspiegel das Bild eines weisen, sanften Königs, der auf Waffengewalt verzichten kann (so der kynisch-stoische Philosoph Dio Chrysostomus in seiner Rede 1).

11. Der Zusammenhang von Weisheit und Werten

In der biblischen Weisheit geht es nicht um Werte, sondern um vorbildliche Personen. Als solche werden nicht nur Eltern und König Salomo genannt; in Sirach 44ff zum Beispiel wird eine ganze Liste bedeutender Männer beschrieben. Wir würden diese Sammlung heute als Reihe von Heiligenleben bezeichnen. Es geht dabei um die für das Verständnis von Weisheit unabdingbar notwendigen Vorbilder. Nicht abstrakte Werte, sondern Persönlichkeiten weisen den rechten Weg. Auf dieser Basis kann Paulus in 1 Korinther 1 auch auf Gott als Maßstab aller Weisheit zeigen.

12. Resultat

Weisheitslehre verweist nicht auf Gebote, sondern will selbst lehren. Im Unterschied zu den Geboten ist sie potentiell unendlich. Daher wächst sie auch außerhalb der biblischen Weisheitsbücher in zahlreichen Sammlungen weiter, bis hin etwa zur mittelalterlichen „Kunst der Weltweisheit" von Balthasare Gracian. Der messianische Charakter der Weisheit ist die Brücke zum Christentum. Auch die weisheitlichen Elemente der Botschaft Jesu werden von daher als politische Anregung lesbar. Der Weisheit verdanken wir Einsicht in zentrale Ordnungen. Das, was die Kirche später Naturrecht genannt hat, kommt zu einem Teil auch aus weisheitlicher Erfahrung.

Das Profil biblischer Weisheit ist demnach wie folgt zu beschreiben: Es geht um Achtsamkeit, es gibt einen Zusammenhang von Tun und Ergehen, die Goldene Regel (der Gegenseitigkeit) muss beachtet werden, Treue und Stabilität sind Voraussetzungen für den Frieden.

Da Weisheit potentiell unendlich ist, hindert nichts daran, sie auch heute weiter fortzuschreiben – immer unter der Maxime: Der Anfang aller Weisheit ist die Furcht des Herrn.

Der Beitrag dieses Buches

Was will dieses Buch? – Ich habe etwas gehört vom sogenannten Dritten Weg, den christliche Soziallehre zwischen Kommunismus und Kapitalismus beschreiten will, der kommerzielle Interessen und Menschenrechte miteinander verbindet. Ich kenne die Prinzipien der katholischen Soziallehre wie den Primat der Person, Subsidiarität, soziale Gerechtigkeit, Solidarität, Orientierung am Gemeinwohl und vor allem die „Option für die Armen".

Ebenso weiß ich, dass nicht nur in den Ländern Südamerikas die Armut eine untragbare Situation darstellt: Da ist zum Beispiel das Phänomen der Armuts-Migration, Zeichen struktureller Ungerechtigkeit und struktureller Gewalt in diesen Gesellschaften. Ich weiß, dass es eine besondere Verantwortung der Christen für eine solidarische globale Ordnung gibt, die sich am Welt-Gemeinwohl orientiert. Dass diese Probleme uns in der Regel so wenig berühren, solange wir die betroffenen Menschen nicht persönlich kennen, liegt auch daran, dass wir sie nicht im Herzen tragen, und dass sie auch intellektuell schnell „abgehakt" sind. „Kennen wir schon", „habe ich schon gehört", „Man kann so wenig tun, außer einer Handvoll Fachleute". Denn „die Welt ist ungerecht".

Ich sehe meinen Beitrag dazu mit diesem Buch speziell darin, die biblischen Grundlagentexte, auf die man sich gerne bezieht, in ihrer Vielfalt und in ihrem Nuancenreichtum neu zu erschließen – bisweilen auch in ihrer Begrenztheit. Dabei nehme ich nur eine Sorte Texte heraus, nämlich diejenigen, die zur biblischen Weisheit gehören. Sie scheinen dem Zentrum der biblischen Religion fern zu stehen. Heilsgeschichte, Erwählung, Trinität, Menschwerdung, Tod, Auferstehung, Kirche, Sakramente und Wiederkunft Christi – also das ganze Credo – sind für die Weisheitstradition keine Themen. Stattdessen geht es eher um Weltliches. Und dabei sind diese Texte lange nicht angemessen gewürdigt und befragt worden.

Wie mir scheint, ist das ein Versäumnis. Hier kann man etwas ändern, um das Interesse neu auf einen wichtigen Punkt, auf eine ganze Themenkette, der Heiligen Schrift zu richten. Denn jede Veränderung beginnt im Herzen.

Was ist Wahrheit?

Die Weisheitsliteratur hat den Anspruch, die Wahrheit zu verkünden. Doch anders als an anderer Stelle der Bibel ist es nicht die Wahrheit, die Gottes eigene Stimme in der Theophanie verkündet oder die die Propheten mit der Intonation „So spricht der Herr …“ anmelden. Es ist menschliche Wahrheit – es ist nach dem eigenen Selbstverständnis die Weisheit der Könige, besonders Salomos oder die Weisheit der Altern, die Weisheit der Eltern. Es ist die Wahrheit, die sich im jahrhundertelangen Prozess des Goldwaschens und Siebens am Ende in Gestalt von Goldkörnchen ergibt. Weisheit ist deshalb durchaus wahr, weil sie stabil ist, stabiler als das biologische menschliche Leben.

Diese Wahrheit der Weisheit bewährt sich dennoch nicht in den himmlischen Gefilden weitab der Geschichte, sondern im Streit zwischen den Fronten. Sie ist nicht im Jenseits, weit weg von den Ereignissen, zeitlos wahr, sondern sie ist mittendrin, zeigt sich in der Frage zwischen Trug und Klarheit, zwischen Torheit und Bildung, zwischen Arroganz und Demut. Denn dieser Art Weisheit ist der Dualismus von Licht oder Dunkel, Schwarz oder Weiß von Grund auf zu eigen. Weisheit ist selbst das Drängen nach Klarheit. Ihre Wahrheit ist nie diffus: Wer in ihre Schule gegangen ist, weiß um die Unterschiede zwischen Richtig und Falsch. Die Weisheit will niemanden im Unklaren über menschliche oder göttliche Dinge belassen, denn sie duldet kein Unentschieden. So ist sie die Verbündete aller, die das Licht ersehnen, auch wenn dieses Licht nicht nur Positives sichtbar werden lässt.

Weisheit ist Lehre über den rechten Machtgebrauch und Kritik an hohler Macht. Wer im Begriff ist, abzustürzen, wird rechtzeitig gewarnt. Diese Wahrheit ist auf der Seite der Ehrlichen und Unverblendeten. Sie ist auf der Seite derer, die nach Aufklärung verlangen. Die Wahrheit der Weisheit kennt nur sich selbst und belohnt durch sich selbst. Sie ist zärtlich zu denen, die sie lieben, und verachtet diejenigen, die sie mit Füßen treten. Sie zeichnet diejenigen aus, die sich mit ihr schmücken.

Öffentliches Handeln geschieht gerade nicht im Verborgenen: Es findet offen statt, einsehbar – es setzt Licht voraus. Die Weisheit nun liefert gewissermaßen tausend Testfragen, um dieses Licht zu finden und sich darin zu bewegen. Ihre Fragen sind wie Instrumente in der Hand dessen, der öffentlich wirksam sein muss.

Die Wahrheit ist Partei
„Wahrheit kaufe – und verkaufe sie nicht –; kaufe auch Weisheit, Zucht und Einsicht!“ – Die Metaphorik dieses Verses aus Proverbien 23,23 ist ungewöhnlich, sie richtet sich an Händler. Im Neuen Testament stehen dafür die Perle oder der Schatz im Acker, die es zu erwerben gilt, die es wert sind, alles andere dafür dranzugeben. Auch die Evangelien sprechen mit solcher Metaphorik vom Verkaufen und Erwerben eine grundsätzliche Gefühlslage der Menschen an. Wer dazu auffordert, die Wahrheit zu kaufen, hält sie für einen Wert und weiß auch, dass sie nicht zum Nulltarif zu haben ist.

Entweder – Oder: Das besondere Merkmal der biblischen Weisheit – etwa gegenüber der (ost-)asiatischen – ist ihr dualistischer Charakter. Das heißt: Hier geht es um das Entweder – Oder, nicht um die harmonische dritte Position, die den Ausgleich schafft. Diese dritte Position zwischen Ja oder Nein war vielmehr besonderes Merkmal der Esoterik und von mancherlei Mystik. Die biblische Weisheit dagegen weiß sich, so besehen, nicht im „Himmel" der Aufhebung der Gegensätze, sondern auf Erden, wo die Gegensätze sich hart stoßen, die Gegensätze zwischen Recht und Unrecht, Macht und Machtlosigkeit, Schwarz und Weiß, Gewalt und Sanftheit. Es ist nicht die Art der Weisheit zu sagen, die Gegensätze seien „doch nicht so schlimm", sie werden vielmehr, und sei es aus didaktischen Gründen, klar herausgestellt.

Die biblische Wahrheit ist parteiisch, weil sie im Namen Gottes gesucht und verkündet wird. Der biblische Gott aber steht nicht für Unklarheit und Betrug, nicht für Verschleierung und Lüge, nicht für ideologische Vernebelung. Der biblische Gott steht für den klaren Kontrast zwischen Schöpfer und Geschöpf. Und anzubeten ist allein der Schöpfer und nicht das Geschöpf. Das Geschöpf aber ist endlich und brüchig, gefährdet und jedenfalls nicht gerecht von Natur aus.

Schmiergelder
Wir beginnen in unserer Zeit und Gesellschaft gerade wahrzunehmen, dass die Situation der privat finanzierten Wirtschaft sich nicht wesentlich von der vor 2500 Jahren unterscheidet. Denn wäre die Korruption vor 2500 Jahren nicht so verbreitet gewesen – die weisheitlichen Texte hätten nicht so intensiv vor ihr gewarnt.

Impulse aus der Weisheitstradition: „Bestechung ist ein Zauberstein für ihren Geber, wohin er sich auch wendet, hat er stets Erfolg" (Proverbien 17,8); „Bestechung nimmt der Frevler heimlich aus der Tasche an, um den Weg des Rechts zu beugen" (17,23); „Geschenke schaffen einem Menschen Raum und öffnen ihm den Zutritt zu den Großen" (18,16). „Unrecht Gut ist kein Gewinn" (10,2).

„Wahrlich, Erpressung macht den Weisen zum Toren, und Bestechung verdirbt die Gesinnung" (Kohelet 7,7); „Deine

Hand sei nicht zum Nehmen ausgestreckt, jedoch geschlossen zum Zurückerstatten!" (Sirach 4,31)

Schmiergelder sind der Inbegriff „ungerechten Mammons", denn das Verhältnis von Preis und Leistung bleibt im Dunkeln. Dass die Bibel recht häufig darauf Bezug nimmt, weist hin auf die Verbreitung des Phänomens und auf das Ärgernis, das es bedeutete.

Praktische Konsequenzen: Die alten Texte lassen keinen Zweifel daran aufkommen, dass Schmiergelder Unrecht sind – es besteht volle Gewissheit darüber, dass Gott solches Geschäftsgebaren, dass er Bestechung nicht will. Vor Gott richtig zu leben und zu handeln nimmt nicht einzelne Bereiche des Lebens aus – wer den Anspruch hat, christliche Politik zu betreiben und im öffentlichen Leben den christlichen Grundsätzen entsprechend zu handeln, muss sich an den Maßstäben biblischer Weisheit messen lassen.

Politikverdrossenheit

Zur Situation: Die geringe Wahlbeteiligung ist – außer bei Wahlen zum deutschen Bundestag – eine stete große Sorge der Politiker. Woran liegt es, dass Menschen ihre demokratischen Einflussmöglichkeiten so wenig nutzen? Wie kommt es, dass politische Bildungsangebote so wenig nachgefragt werden? Vorträge zu Sachthemen (zum Beispiel zum Thema Bildung), selbst wenn diese von den maßgeblichen Akteuren, Ministern etwa, angeboten werden, finden nur zurückhaltende Resonanz. Das gilt besonders für das Angebot politischer Bildung an der Basis der Parteien. Hier hört man von den Beteiligten: Das Angebot interessiert nachweislich nur ganz wenige. Dass die angebotenen Vorträge eher nicht als PowerPoint-Präsentationen aufbereitet sind, sondern bisweilen den Charme von Vorlesungen über „allgemeine Pädagogik" aus den 60er Jahren des letzten Jahrhunderts haben, ist das geringere Übel. Die Gefahren der mangelnden politischen Beteiligung, der größer werdenden Entfernung von politischen Akteuren zur Bevölkerung liegen auf der Hand: Wenn nur ein kleiner Teil der Menschen sich an der Gestaltung des öffentlichen Lebens beteiligt, ist es leichter möglich, dass unerwünschte radikale Gruppen legal zur Macht und auch an die zur Verfügung stehenden Gelder gelangen.

Die Ursachen solcher Politikverdrossenheit liegen auch darin, dass der Einzelne immer seltener Zugang zu komplizierten Sachverhalten gewinnen kann. Allzu oft wird ein Vorgang nur von einer Minderheit wirklich beherrscht und durchschaut. Die anderen (zumeist schon die Fraktionskollegen) sind Stimmvieh. – Zur Politikverdrossenheit führt auch die sogenannte Europamüdigkeit, deren Ursachen teilweise vergleichbar sind: Die Einflussmöglichkeiten des Einzelnen scheinen nur recht abstrakt deutlich zu werden. Der Anteil des Einzelnen an der Gestaltung des Ganzen wird unsichtbar, versickert vollständig in einer anonymen Macht.

Impulse aus der Weisheitstradition: Interessanterweise liegt der biblischen Weisheitsliteratur ein ganz anders gestalteter Lebensbezug zugrunde als die Atmosphäre langweiliger Gremiensitzungen oder Vorträge. In den griechischen Übersetzungen der alttestamentlichen Weisheitsliteratur und im Neuen Testament heißt die entsprechende Zusammenkunft *ekklesia*, „Volksversammlung"; und das griechische Wort für „Kirche" ist daraus abgeleitet. Das heißt: Die gottesdienstliche Versammlung der alten Kirche trägt keinen besonderen, „heiligen" Namen, sondern einen ganz profanen, politischen. Der Name der aktuellen Versammlung wird bei den Christen zur Bezeichnung der ganzen Gruppe – es sind die „Versammlungsleute". Und *ekklesia* wurde dann nicht nur die Bezeichnung der aktuellen Versammlung, sondern die der ganzen „Kirche". Es lohnt sich, die theologischen und politischen Konsequenzen einmal kurz zu bedenken: Der politischen Versammlung erwächst eine Konkurrenz. Der Gottesdienst der Kirche ist eine „Gegen-Öffentlichkeit". Im Zweifelsfall setzt er die Wahrheit des Evangeliums der staatlich verordneten gegenüber. Gott ist der einzige Herrscher, der nicht auf Kosten seiner „Untertanen" regiert. Und: Liturgie ist politisch, weil Politik liturgisch ist, besser: Weil sie sich liturgisch gibt.

Weisheit ist politisch
Die biblischen Weisheitstexte lassen noch viel spüren von der Begeisterung der angesprochenen jungen Männer in der Gemeindepolitik und in den Versammlungen „vor Ort". Denn genau auf diesem Feld liegt der Lebensbezug, der „Sitz im Leben" der Weisheit, der Ort, an dem alle Weisheit zur Geltung und Anwendung kommt. Dieser Bereich sind die Heimat und das Wirkungsfeld der Angesprochenen. Die Gemeindepolitik war auch der Ort, an dem man das eigene Redetalent unter Beweis stellen und seine Vertrautheit mit Weisheit dokumentieren konnte. Wenn die Überlieferungen der Weisheit einen ursprünglichen Sinn haben, dann liegt er genau hier. Diese Texte sind für den Härtefall des politischen (nicht des militärischen!) Nahkampfes gedacht. Die biblische Weisheit entwickelt gewissermaßen eine Kultur, auch eine Streitkultur, der öffentlichen Beschäftigung mit gemeinsamen Problemen. Daher sind die Weisheitstexte eine Schule für die Öffentlichkeit.

Braucht Politik Visionen?

„Politik braucht Visionen" ist immer wieder als Überschrift über Besinnungsaufsätzen in Tageszeitungen zu lesen (wie etwa in der Pfingstausgabe der Süddeutschen Zeitung 2007). Darin werden zumeist Bücher zitiert wie Thomas Morus, „Utopia", Johann Valentin Andreae, „Die Rosenkreuzer" oder Thomaso Campanella (O.P.) „Civitas Solis". Diese Bücher wirklich einmal zu lesen bedeutet einen Einstieg in maoistische Scheußlichkeiten – abgesehen davon, dass Andreae seinen Text nur als Ironie auf gegenwärtige Zustände begriffen hat. Die Parteiprogramme regierender oder regieren wollender Parteien heute lesen sich ähnlich. Auf der genannten Zeitungsseite heißt es zum Schluss: „... Oder wie es der weise König Salomo einst sagte: Ein Volk ohne Visionen geht zugrunde." Der Verfasser denkt bei diesem Zitat offenbar an Proverbien 29,18: „Ohne Offenbarung muss das Volk verkommen, doch beachtet es die Lehre, dann Glück auf!" – Was im Deutschen mit „Lehre" übersetzt wird, dafür steht im Hebräischen *chazon*, ein Fachbegriff für die prophetische Offenbarung; ein paralleler Begriff ist *thorah*, „Gesetz" oder priesterliche oder weisheitliche „Weisung". Dabei ist zuzugeben: Chazon verweist auf den Ursprung in einem Offenbarungsgeschehen, wie auch immer es aussah (Vision, Beauftragung). Das deutsche Wort „Visionen" nun ist (besonders im Plural) orientiert an der Zeit der Realisierung dessen, was angesagt wird. Und das trifft das hebräische Wort überhaupt nicht. Solche Ungenauigkeiten in der Übersetzung bringen auf eine falsche Fährte. Statt „Offenbarung" wird im Deutschen auch übersetzt „Ohne Vision verwildern die Leute, wer aber Weisung bewahrt – Heil ihm". Gemeint ist mit der „Vision" nach den Kommentaren „das für die Erziehung richtungweisende prophetische Wort". Nun ist ein prophetisches Wort im Sinne des Alten Testaments etwas anderes als eine Vision im modernen politischen Sinn; beim Wort „Vision", denkt man an eine geschlossene Utopie wie „Deutschland 3000", nicht aber an einzelne erziehende Worte etwa des Bundespräsidenten oder vergleichbarer moralischer Autoritäten. Gemeint sind im Alten Testament also einzelne Prophetenworte, nicht Gesamtvisionen. Gemeint ist ein kritisches Wort im Namen Gottes (wie früher ein „Wort zum Sonntag"), nicht eine gesellschaftliche Utopie. Die lateinische Übersetzung des hebräischen Alten Testaments, die Vulgata, übersetzt daher verständig: *„cum prophetia defecerit"*, „wenn Prophetie aufhört", die Septuaginta, ihr griechisches Pendant, hat „Lege das Gesetz nicht aus für ein gesetzloses Volk" – Hier ist der „Nicht- Ausleger" an die Stelle des Offenbarers oder Propheten getreten. Das Targum (das ist die aramäische Version): „Wenn die Bösen zahlreich sind, dann zerbrechen die Menschen der Völker ...".

Die tatsächliche Funktion von „Visionen" im Sinne gesellschaftlicher Gesamtentwürfe ist doch ähnlich wie die Wirkung von Immanuel Kants kategorischem Imperativ, dass sie Menschen angesichts des Scheiterns vor dem hohen Ideal mutlos werden lassen. Insofern gehören Utopien, idealistische Ethik und die Reaktionen der Betroffenheit und des Eingeständnisses der Sündigkeit, Mutlosigkeit und Resignation zusammen. Wir brauchen also keine fernab liegenden Utopien und keine Programme „Deutschland 3000". Die Prophetie lebt von dem Grundsatz „Wenn nicht jetzt, wann dann?", die Visionen der Parteien haben einen anderen Grundansatz: „Wir sonnen uns im Licht der fernen Zukunft".

Statt Visionen: die Entfaltung der Fähigkeiten zum Glücklichsein

Vom Alt-Kanzler Helmut Schmidt stammt das Wort: „Wer Visionen hat, soll zum Arzt gehen!" Auch bei der Politikverdrossenheit und der Europamüdigkeit handelt es sich, wie ich meine, um zwei völlig überflüssige und keineswegs sachlich notwendige post-idealistische Enttäuschungsphänomene.

In einem Gegenentwurf zur idealistischen Sollens-Ethik interessieren nicht die Ethik und der Appell, sondern es interessiert ein bestimmtes Menschenbild und damit die Frage, ob etwas zum Menschen passt, ob es ihm gemäß, angemessen ist und ob er mit seinem Handeln glücklich werden kann. Es gehört auch dazu, ob ein Mensch Freude haben kann an dem, was er tut – dann ist sittliches Tun der Wirklichkeit gemäß und die sittliche Haltung Hingabe an die Sache.

An die Stelle einer Sollens-Ethik setzt die Weisheitstradition hier eine Ethik, die ausgeht von der Faszination, der Schönheit, ja der Erotik der Weisheit. Damit bezieht sie sich auf bestimmte Erfahrungen anhand der Schöpfung wie die Ordnung des Lebens, die Perioden des bäuerlichen Jahres, die Selbstreinigung, wie sie übrigens auch für die Ethik von Juden und Moslems grundlegend sind. Wir behalten im Auge: Durch solche tiefen Erfahrungen könnte die Politikverdrossenheit überwunden werden. – Durch Moralismus dagegen wird sie verstärkt.

Sehnsucht versus Moralismus: Es hat immer nahegelegen, biblische Weisheit moralistisch misszuverstehen. Und diesem falschen Verständnis, das allmählich zu einer Art Lesebrille für Weisheitstexte wurde, haben diese Texte auch ihre so erstaunlich geringe Wirkung zu verdanken. Die moralisierende Eintönigkeit, die sich bei dieser Art Lektüre ergibt, ist denn auch kaum auszuhalten. Dabei wird in den Weisheitstexten selbst die Weisheit als begehrenswerte Frau dargestellt, in die man sich verlieben kann und zu der der Adept der Weisheit im Verhältnis der Sehnsucht steht. Was bedeutet das, und wie kam es dazu? – Man beachte das zugrunde liegende Menschenbild: Nach der weisheitlichen Tradition geht es nicht um ein finsteres Sollen, das dem Menschen im Namen irgendeiner fremden Instanz aufgezwungen wird; es geht vielmehr um Wege zur Selbstfindung: Wie kann der Mensch zu dem kommen, was er will und kann? In diesem Zusammenhang die Sehnsucht zu thematisieren, ist ein zentraler Punkt. Das Verhältnis zwischen Moralismus und Sehnsucht wird in folgender Erfahrung deutlich, die der damalige Kardinal Joseph Ratzinger erzählt:

„Denken wir an das Jahr 1968, als eine erste Gruppe … nach Brasilien gegangen war und sich dort mit dieser extremen Armut, mit diesem Elend konfrontiert sah. Was tun? Wie antworten? Und die Versuchung war groß, zu sagen: Jetzt müssen wir für einen Augenblick von Christus absehen, von Gott absehen, weil es noch größere Dringlichkeiten gibt. Wir müssen zunächst anfangen, die Strukturen zu verändern, die äußeren Umstände, wir müssen zuerst die Welt verbessern, dann können wir auch den Himmel wieder finden … Es war die große Versuchung dieses Augenblicks, das Christentum in einen Moralismus zu verwandeln, den Moralismus in eine Politik, das ‚Glauben' durch das ‚Tun' zu ersetzen. Denn was bewirkt das Glauben? Man kann sagen: In diesem Moment müssen wir etwas tun. Und doch verliert man sich auf diesem Weg in Einzelheiten, wenn man den Glauben durch den Moralismus, das Glauben durch das Tun ersetzt. Man verliert vor allem die Kriterien und die Orientierungspunkte, und am Ende baut man nicht auf, sondern man spaltet … Wer den Glauben auf die Theorie vom richtigen Leben oder eine Moral verkürzt, schafft letztlich eine Frustration, ein Gefühl des zwar gottgefälligen, aber nicht ausgelebten Lebens. Denn selbst die stimmigste Formulierung der Lehre oder die Befolgung sämtlicher moralischer Normen vermag keine vollständige und endgültige Antwort auf die tiefsten Sehnsüchte des menschlichen Herzens zu geben."[1]

Wenn Weisheit verlockend ist, ist Verdrossenheit überwindbar: Das Gegenbild zum Moralismus ist die Weisheit als Gottes emanzipierte Tochter. Sie ruft von sich aus die Menschen an, sie ist – bildlich gedacht – wie eine Gastwirtin, die die Menschen auf der Straße anspricht und in das eigene Haus zum Essen und Schlafen einlädt:

„Die Weisheit hat ihr Haus gebaut, hat ihre sieben Säulen aufgestellt, ihr Vieh geschlachtet, ihren Wein gemischt, auch hat sie ihre Tafel schon gedeckt. Sie sandte ihre Mägde aus und ruft am Vorsprung bei der hohen Burg der Stadt: Wer ungelehrt ist, biege hier herein, und wem die Einsicht fehlt, dem will ich künden: Kommt her, genießt von meinem Brot und trinkt vom Wein, den ich gemischt! Gebt Torheit auf, damit ihr lebt und schreitet auf der Einsicht Pfad!" (Proverbien 9,1–7)

1 In der „Tagespost" vom 5.5.2002, S. 5

Die Weisheit hat daher eine Funktion in der Öffentlichkeit und geht mit ihrem Ordnungswillen an die Menschen heran; damit ist die Vorstellung, dass der Mensch die Weisheit sucht, überholt durch die Art und Weise, wie die Weisheit sich selbst präsentiert. Ihre Feindin ist – weisheitlichem Dualismus entsprechend – die „feindliche Frau", die Fremde, die verführerisch und glatt redet. Durch ihren Auf- und Anruf gibt sie ein Selbstzeugnis der eigenen Ordnung. Wenn sie sagt: „Kommt und esst ..." (Proverbien 9,1–5), dann lädt sie zu einer intensiven Einkehr ein.

Drei Elemente sind es, die bei diesem religionsgeschichtlich einmaligen Anrufen der Weisheit hervortreten: der strahlende Glanz der Weisheit und die damit von ihr ausgehende Faszination, die Begründung der moralischen Ordnung in ihrer Person und das unübersehbar erotische Element.

Weisheit ist glanzvoll: „Strahlend und unverwelklich ist die Weisheit, leicht wird sie erschaut von denen, die sie lieben und gefunden von denen, die sie suchen" (Weisheit Salomos 6,12– 16): Der Glanz der Weisheit ist dem Alten Testament geläufig. Und wenn Sirach 24,13f.16–20 die Weisheit schildert, stellt sich eine faszinierende Schönheit dar: „Ich wuchs empor wie eine Zeder auf dem Libanon, gleich der Zypresse auf den Hermonbergen. Ich wuchs empor wie eine Palme zu Engedi und wie die Rosenpflanzungen in Jericho, wie ein gar schöner Ölbaum in der Ebene; ich wuchs empor wie die Platane an den Wassern ... Ich streckte meine Äste aus wie eine Terebinthe, und meine Zweige waren Zweige voll von Pracht und Zier. Ich trieb gleich einem Weinstock holde Sprosse, und meine Blüten wurden üppig reiche Früchte ...". Man vergleiche auch 16,32: „So lass ich weiter gleich dem Frühlicht meine Lehre leuchten und will sie strahlen lassen bis in große Ferne." Die Licht-Metaphorik, das Strahlen, tritt gleichrangig neben den ästhetisch wohlgefälligen Anblick schön gewachsener Pflanzen.

Dieser Kontext ist es, der für den Apostel Paulus die Voraussetzung dafür ist, im Schauen der Ordnung der Welt einen Weg zur Erkenntnis Gottes zu sehen: „Gott, der Unsichtbare, hat die Welt geschaffen, und wenn man vernünftig nachdenkt, kann man von der Schöpfung, die man sieht, auf den Schöpfer, den man nicht sieht, schließen und erkennen, dass er ewig, mächtig und göttlich ist. Die Menschen können sich also nicht herausreden …“ (Römer 1,19–21).

Eine nächste Analogie zu Römer 1,19–21 findet sich bei Pseudo-Aristoteles (3. Jh. v. Chr.?) in „Über die Welt“. Er vergleicht die unsichtbare Lenkung des Alls mit dem menschlichen Leib, den eine unsichtbare Seele regiert: „Denn die ganze Ordnung des Lebens wird von ihr gefunden, geordnet und zusammengehalten, das Ackern und Bepflanzen des Landes, die Einfälle der Technik … Solches muss man auch über Gott durchdenken. Er hat die stärkste Kraft, die herrlichste Schönheit, das Leben eines Unsterblichen, die Tugend des Besten. Deswegen ist er für jede sterbliche Natur unanschaubar und wird von den Werken selbst her geschaut. Denn die Geschehnisse … können wirklich Werke Gottes genannt werden, der den Kosmos in seiner Macht hält.“[1] Der Rückschluss auf eine ordnende Schönheit war Paulus daher vorgegeben.

Die moralische Ordnung: Die verführerisch schöne Frau namens Weisheit begründet das ethisch richtige Verhalten, denn sie mahnt zu Gerechtigkeit und Geradheit.

Sie ist die geheimnisvolle Ordnung in allen Dingen und darin die direkte Spur des Schöpfers. Auf dieser Ordnung der Dinge beruht alle Moral. Der große Gelehrte des Alten Testaments, Gerhard von Rad, nennt sie daher „Urordnung, Ordnungsgeheimnis, Weltvernunft, zurückreflektierende Herrlichkeit der Welt … Auch das, was wir unter moralischer

---

1 zit. nach Berger/Colpe: Religionsgeschichtliches Textbuch zum Neuen Testament, Göttingen/Zürich 1987, Nr. 351.

Ordnung verstehen, war nach der Meinung des Lehrgedichts in der Urordnung der Welt von Anbeginn her verankert“[1].

Die Erotik der Weisheit: Die Torheit wird als lasziv und lasterhaft geschildert, die Weisheit aber heißt in einem apokryphen Sirach-Vers (24,12) die „Mutter der schönen Liebe“ – und die schöne Liebe ist die moralisch unzweifelhafte. Nach Sirach 15,2 gilt von ihr: „Sie kommt ihm (dem Weisheitsschüler) entgegen wie eine Mutter, und wie eine junge Frau nimmt sie ihn auf.“

Und so lauten die Verheißungen dieser Liebesbegegnung: „Mit ganzer Seele nähere dich ihr und mit ganzer Kraft halte ihre Wege ein! Frage, forsche, suche und finde, ergreife sie und lass sie nicht los! Denn zuletzt wirst du ihre Ruhe finden, und sie wird sich dir in Wonne verwandeln“ (Sirach 6,26–28). Und nach Sirach 4,15 hatte die Weisheit selbst verheißen: „Wer auf mich hört, wird sich in meinen innersten Gemächern lagern.“

„Wenn es irgendwo in Israel eine ans Mystische grenzende Auslieferung des Menschen an die Herrlichkeit des Seins gab, dann in diesen Texten, die von einem so sublimen Liebesbund zwischen den Menschen und dem göttlichen Schöpfungsgeheimnis zu reden wissen. Hier wirft sich der Mensch mit List einem Sinn entgegen“, bemerkt Gerhard von Rad zu Sirach 14,20–27.[2]

Das Liebesverhältnis zwischen Weisheit und Weisheitsschüler ist wechselseitig. „Die mich lieben, liebe ich“ verheißt die Weisheit in Proverbien 8,12. Dieses erotische Element in der Theologie bleibt dem späteren Judentum und dem Christentum erhalten – doch die Pole werden vertauscht. Während in der Weisheitstradition Frau Weisheit die aktive, einladende Frau ist und der menschliche Schüler der männliche Partner

---

1 Gerhard von Rad, Weisheit in Israel, Neukirchen 1970, 204 und 220.
2 Ebd., 220.

ist, wird später in der Auslegung des Hohenliedes und in der christlichen Mystik der Mensch auf die Seite der Frau wechseln, während der göttliche Partner (Jesus Christus) fortan männlich ist. Dem entspricht auch, dass schon das 4. Evangelium, das Johannesevangelium, die Weisheit männlich deutet – als *logos* – und auf Jesus Christus bezieht. Denn in den jüdischen Schriften war die Schöpfungsmittlerin Weisheit stets weiblich; doch die stoische Weltvernunft namens Logos ist männlich, und zudem ist Jesus männlich. Für die Leserschaft des Johannesevangeliums wäre eine Schöpfungsmittlerin Weisheit ohne christologischen Bezug geblieben – darauf aber kam es gerade an.

Die Vorstellungen der Weisheitsliteratur von dieser innigen Beziehung sehen so aus: „Komme ich dann nach Hause, will ich ausruhen bei ihr; denn der Umgang mit ihr bringt keine Bitterkeit mit sich und keinen Verdruss die Lebensgemeinschaft mit ihr, sondern Frohsinn und Freude" (Weisheit Salomons 8,16), und auch in Proverbien 8,30–31 wird Leichtigkeit und große Nähe deutlich: „Ich war seine [Gottes] Wonne Tag für Tag, indem ich vor ihm spielte allezeit. Ich spielte auf dem Umkreis seiner Erde, und meine Wonne sind die Menschenkinder." Die Weisheit ist wie ein wonniges Kind, das Gott und den Menschen gleichermaßen Freude macht.

Alle diese Sätze über die Weisheit bringen zum Ausdruck: Die Weisheit ist angenehm und leicht. So wird es auch Jesus von seinem Joch sagen (Matthäus 11,30: „Mein Joch ist sanft und meine Last ist leicht"), und sein „Kommt her zu mir" (Matthäus 11,28) ist ein weisheitlicher Einladungsruf.

Welche konkreten Folgerungen ergeben sich? Stimmt es denn eigentlich mit unserer eigenen Erfahrung überein, dass die Weisheit schön, erotisch und verführerisch ist? Geht es hier um Liebe? Nun, die Griechen sprachen ganz entschieden von einer Liebe zur Weisheit (*philo-sophia*). Finden wir davon etwas im öffentlichen Leben, in der Politik wieder? Gibt es in der Politik etwas, das man lieben kann, weil es um Liebenswertes, Schönheit, um ein Stück Ordnung der Schöpfung geht? Ich meine ausdrücklich nicht ein erotisches Verhältnis zur Macht, das ich für eine Perversion halte, einen Ausdruck des Mangels, weil uns etwas Entscheidendes fehlt.

Die Kultur des Orients hat wunderschöne Bilder für die Beziehung zwischen Herrscher und Volk, von denen die meisten in Misskredit gekommen sind. Für den Politiker gibt es das Jahrtausende alte Bild des Hirten. Es wird nicht mehr gerne benutzt, da die Menschen sagen „Wir sind doch keine dummen Schafe!" Dabei wird allerdings verkannt, dass das Bild des Hirten gewählt wurde, weil ein Hirte scheitert, wenn er nicht in einer engen Lebensbeziehung zu seiner Herde steht. – Es gibt das andere Bild, das des Imkers und des Bienenvolkes, in dem eine wunderbare und komplexe Ordnung herrscht. Hirte und Herde, Imker und Bienenvolk: Das sind Bilder für die Sorge um Menschen im Rahmen menschlicher Lebensregeln. Politikverdruss und Europamüdigkeit können nur durch Liebe überwunden werden: indem Menschen „auf den Geschmack" kommen, was es bedeutet, Ordnung zu heilen, zu entdecken, dort erst noch herauszuschälen, wo sie bislang verkannt und verborgen ist. „Schönheit ist der Glanz der Ordnung" – dieser Glanz kann auch im Lächeln von Menschen bestehen, für die die Ordnung des Lebens ein Geschenk ist.

Dem kann ein erotisches Verhältnis von Hegen, Pflegen, Sorgen und Konfliktelösen entsprechen.

Die Bedrohung des Sonntags

Zunächst mag es verwundern, so viel von der Begeisterung für die Naturordnung zu reden und dann den Sonntag als Beleg anzuführen. Doch die Bedeutung dieses Ansatzes lässt sich zum Beispiel am arbeitsfreien Sonntag zeigen. Die Siebenzahl, die die Tage unserer Woche strukturiert, gehört zur Schöpfungsordnung. Dem Mondkalender folgend (4 x 7 ist ein Monat) oder der Länge der Schwangerschaft (40 x 7) legt sich die Sabbatordnung jedenfalls nahe. Die Bibel folgt dieser Art von Symmetrie und nimmt sie „fundamentalistisch" wörtlich: Sieben ist nicht nur eine Zahl der Ordnung, sondern auch eine Zahl, die buchstäblich für den Menschen gilt. Der Sonntag ist daher nicht irgendein folkloristisches Kulturgut, sondern heilig, insofern er zu Gottes Ordnung für alles, was lebt, gehört. So ist denn auch die Sieben-Tage-Woche der berühmteste weltweite Exportartikel Israels geworden. Wer den Schutz des Sonntags preisgibt, zerstört Lebensordnungen.

Die Alphatiere und die Tugendlehre

„Männlich, gebildet, cholerisch": Alphatiere, das sind die Ersten im Rudel, die Höchstrangigen – und der Begriff hat sich auch für Führungsmenschen in der Politik und im öffentlichen Leben durchgesetzt. In einer überregionalen Tageszeitung (Süddeutsche Zeitung vom 31.3.2007) wurde der Begriff der Alphatiere in diesem Umfeld so erläutert: Man versteht darunter „aggressive Führungskräfte, die von sich selbst und von anderen Höchstleistungen fordern, dabei oft entgleisen und damit nicht nur die eigene Karriere ruinieren, sondern auch ihr Unternehmen". Die Alphatiere neigen „nicht zur Selbstbeobachtung", und dann entstehen „ausgeprägtes Konkurrenzdenken, Ungeduld im Umgang mit anderen und Probleme, Ärger zu kontrollieren". Können solche Störenfriede ernst zu nehmende Führungskräfte sein?

Ein Blick auf die Weisheitsbücher Proverbien und Sirach zeigt, dass die Führungskräfte vor rund 2300 Jahren durchaus dieselben Eigenschaften an den Tag legten wie ihre heutigen Kollegen. In diesen Schriften wird immer wieder empfohlen, Selbstbeobachtung zu üben und kritische Selbstzurücknahme, Beherrschung des Zornes und insbesondere aller Worte, die im Affekt oder mit der Absicht zu verletzen geäußert werden.

Die Weisheitsschriften lesen sich geradezu als Heilmittel gegen den Zorn. Sie versuchen nirgends, Gefühle aufzuputschen, und raten dringend und durchgängig von der Rache ab. Die Form des *maschal* (Weisheitsspruch) ist wie ein strenges, therapeutisches Mittel für die Wallungen der Adressaten. Die Selbstdisziplin, die sie lehren wollen, nimmt ihren Anfang darin, dass man die Verse, ja die ganze Schrift auswendig lernt. So kann sich die tugendhafte Haltung des Weisen entwickeln.

Die Tugenden des Weisen
Eine Zeitlang waren Tugenden, war die klassische Tugendlehre insgesamt nicht sehr populär – maßgeblich für diese Einschätzung war die ablehnende Haltung der Nachkriegsgeneration. Schon das Wort „Tugend" hatte etwas Altjüngferliches. In jüngerer Zeit lässt sich allerdings beobachten, dass eine Neuorientierung an Tugenden populär wird – manifest wird das etwa in der „Ethik" von Eberhard Schockenhoff (Freiburg 2007).

Impulse aus der Weisheitstradition: Die Weisheit vertritt ein bestimmtes Menschenbild, das in vielen Punkten an den preußischen Tugendkatalog erinnert. Das ist nicht zufällig, denn die Anforderungen an junge Menschen, die in der Öffentlichkeit wirken wollen, sind zu den verschiedenen Zeiten so unterschiedlich nicht. Im Privaten sollen sie Treue und Verlässlichkeit beweisen. In der Öffentlichkeit Pflichtbewusstsein, Fleiß, Opferbereitschaft, Disziplin und Selbstdisziplin, Bescheidenheit, Wahrhaftigkeit, Zivilcourage, wechselseitige Loyalität von Regierenden und Regierten, Liberalität und „Bürgersinn".

Nun sind Tugendkataloge nicht das Merkmal biblischer Weisheit. Doch das in diesem Katalog Geforderte findet sich durchaus als Leitthema in Spruchreihen. Dabei ergibt sich durch die gegenseitige Ergänzung der Eigenschaften mosaikartig ein bestimmtes Gesamtbild.

Die Fähigkeit zu trauern

Nach Kohelet 7,4 ist der Weise dort, wo man trauert. Dem Weisen ist die Fähigkeit zu trauern nicht abhanden gekommen. Er erinnert sich und stellt sich der Vergangenheit. Er muss die brüchige Vergangenheit nicht weiß tünchen: „Das Herz der Weisen ist im Trauerhaus, das Herz der Toren aber im Haus der Freude." Die Trauer kann der Wahrheit ins Auge sehen, die auch aus Vergänglichkeit, fehlendem Glanz und Sünde besteht.

Selbstbeherrschung

„Wer mit seinen Worten spart, kennt Einsicht, und der kühl Beherrschte ist ein kluger Mann" (Proverbien 17,27). Die Zunge im Zaum zu halten, steht exemplarisch für Verzicht auf ein lautes und effektheischendes Auftreten. Die eigene Macht zurückzuhalten und weder zur Schau zu stellen noch zu verausgaben, ist Idealbild des klugen Politikers.

Soziale Orientierung

„Flehentliche Worte spricht der Arme. Doch mit Härte gibt der Reiche Antwort" (Proverbien 18,23): Hier geht es um die direkte Reaktion zwischen Menschen. Anders als der Reiche ist der Politiker wach für alles Menschliche und steht mit beiden Füßen auf der Erde.

Freundschaft

„Zu jeder Zeit ist liebevoll der Freund, als Bruder ist er für die Not geboren" (Sprüche 17,17). Die Hochschätzung der Freundschaft in der Weisheit ist ein eigenes Thema. Zu Bruder und Freund tritt nach weisheitlichem Verständnis der Nächste hinzu, der in der Weisheitsliteratur inhaltlich eine große Nähe zu ihnen hat.

Zuhören können
„Gibt einer Antwort, eh' er recht gehört, gereicht ihm das zur Torheit und zur Schande" (Proverbien 18,13). Zur Zurückhaltung in Worten und zur Fähigkeit zu schweigen gehört wesentlich die Fähigkeit, zuzuhören.

Schonung der Tiere
„Der Gerechte weiß, was nottut seinem Vieh, das Gemüt der Frevler aber ist grausam" (Proverbien 12,10). Die Darstellung der Verbundenheit mit seinem „Vieh" ist der Schilderung des guten Hirten in Johannes 10 vergleichbar. Man kann sagen, dass erst in der Neuzeit Auffassungen über Tiere als Sachen oder Maschinen geboren und dieses Auffassung erst im 20. Jahrhundert mit der Massentierhaltung fabrikmäßig umgesetzt wurden. Die antiken Texte zeigen uns eine Solidarität, die bis zum Beginn der Neuzeit die übliche Praxis war. Das heißt: Missstände auf diesem Gebiet sind erst neueren Datums. Menschen, die ihr Vieh quälten, waren auch im Mittelalter die am schlechtesten Angesehenen.

Öffentliche Verantwortung

„Per me reges regnant", „durch mich regieren die Könige" steht als Inschrift auf der Krone, mit der die deutschen Kaiser von Otto I. bis 1804 gekrönt wurde. Der Satz ist ein Zitat aus Proverbien 8,15. In einem Monolog sagt die personifizierte Weisheit im Stil der Selbstvorstellung ab 8,14: „Bei mir ist Rat und viel Erfolg, ich bin die Einsicht, mein ist die Kraft. Durch mich regieren Könige, entscheiden Mächtige nach Recht."

Die Weisheit des Alten Testaments nämlich ist Herrschaftswissen. Immer wieder weisen die Sprüche darauf hin: Die Adepten der Weisheit sind junge Aristokraten, die demnächst öffentliche Verantwortung tragen werden. Kennern der Weisheit ist das gut bekannt. Aber sollte das wirklich für die Weisheitsliteratur im Ganzen gelten, dann hätte es Konsequenzen für ihre Auslegung heute.

Denn dann richtet sich „Weisheit“ auch heute an Entscheidungsträger im öffentlichen Leben. Dann hätte man längst fragen müssen, ob nicht gerade diese Bücher der Bibel Informationen für den Bereich der Politik enthalten. Diese Frage wurde bislang erstaunlicherweise nie gestellt. Das hängt auch zusammen mit der pausbäckigen Übersetzung der Weisheitstexte, die in aller Regel den bürgerlichen Haushalt um 1530 spiegelt.

Emigration

Nach den biblischen Zeugnissen ist die Emigration des Weisen, sein äußerlicher oder innerlicher Rückzug, ein unübersehbares Katastrophensignal. Im 20. Jahrhundert ist diese Katastrophe geschehen. Es hat die Ausrottung der gesamten Intelligenz-Schicht eines Volkes stattgefunden, die äußere Emigration unter anderen der glänzendsten Intellektuellen, und die innere Emigration derer, die etwas zu sagen hatten. Auch heute ist der Rückzug der Intelligenz zumindest für jeden Betroffenen eine Versuchung. Ob dieser Rückzug oder Auszug erzwungen oder freiwillig ist – in jedem Fall ist er ein Unglück für die Allgemeinheit.

Impulse aus der Weisheitstradition: Das Verstummen in der Situation des Niedergangs gilt interessanterweise immer von den Weisen und „Vernünftigen“. Das ereignet sich folgendermaßen: Die biblischen Texte erzählen, dass die Weisheit, die ja als Person vorgestellt wird, auf mehr oder minder erfolgreiche Wohnungssuche bei den Menschen geht, besonders in Israel. So etwa in Sirach 1,10 „Bei den Menschen verweilt sie (sc. die Weisheit) gemäß seiner Zuteilung; er spendet sie denen, welche ihn lieben ... (15) Sie schuf für immer sich ein Wohnzelt bei den Menschen und will bei ihren Kindern dauernd bleiben"; im Buch Baruch (Septuaginta) 3,37f/4,1 heißt es von Gott: „Er hat jeden Weg zur Weisheit erkundet, hat sie Jakob, seinem Sklaven, verliehen und Israel, seinem Liebling. Hierauf erschien sie auf Erden und verkehrte unter den Menschen. (4,1) Sie ist das Buch der Gottesgebote, das Gesetz, das auf ewig besteht. Alle, die an ihr festhalten, finden das Leben …". Und schon in Jesaja 29,14 wird aber als Strafe Gottes über Israel angedeutet: „Da wird vergehen seiner Weisen Weisheit, sich verbergen seiner Klugen Klugheit". Und das äthiopische Henochbuch 42 weiß: „Als die Weisheit kam, um unter den Menschenkindern Wohnung zu machen, und keine Wohnung fand, kehrte die Weisheit an ihren Ort zurück und nahm unter den Engeln ihren Sitz"; in 93,8: „… und in der sechsten Woche werden die Herzen aller die Weisheit vergessen". Nach 98,3 gilt von einer degenerierten Gesellschaft: „Daher fehlt ihnen Lehre und Weisheit …"; in 4 Esra 5,9f gilt als Missstand unter anderen: „Dann wird die Wahrnehmungsgabe verborgen werden und der Verstand wird sich absondern in seine Kammer". Und die Syrische Baruch-Apokalypse 48,33ff meint: „Denn nicht werden viele Weise in jener Zeit gefunden werden, und die Einsichtigen werden vereinzelt sein. Aber auch die, die erkennen, werden immer mehr schweigen …. Und viele werden zu vielen sagen in jener Zeit: Wo hat sich versteckt die viele Klugheit, und wohin ist entwichen die viele Weisheit?" – Die Lateinische Baruch-Apokalypse sagt es so: „Es wird die Zeit kommen, da werdet ihr mich suchen, ihr und die nach euch kommen, zu hören das Wort der Weisheit und des Verstandes, und ihr werdet es nicht finden. Die Völker aber werden sich sehnen, einen Weisen predigen zu sehen, und es wird ihnen nicht zuteil werden. Denn fehlen und verschwunden wird sein Weisheit in dieser Welt auf der Erde, und auch Lehre des Gesetzes wird der Welt fehlen. Denn Weisheit wird sein in wenigen Wachenden und Schweigsamen und Stillen, die Selbstgespräche in ihren Herzen halten und nachdenklich sind. Denn etliche werden sich vor ihnen entsetzen und sie wie Übeltäter fürchten, andere aber glauben selbst dem Gesetzeswort des Höchsten nicht …" (Cyprian, Testimonien 3,29 I,143 Hartel).

In diesen Texten zeigt sich ein Phänomen, das der Bildungskatastrophe verwandt ist: die schweigsame Front der Kulturträger. In allen oben genannten apokalyptischen Texten ist ihr Verstummen oder Rückzug eine Strafe für das ganze Volk. Dabei geht es im Ganzen zu wie bei der in der Bibel auch bekannten Verstockung, die von Gott über den Menschen verhängt wird: Sie geschieht von der Seite Gottes her nie willkürlich. Sie ist stets Reaktion Gottes auf beharrliches Nicht-Hinhören der Menschen. So ist es auch beim Verstummen der Weisen. Dieses ist der letztmögliche Protest gegen langes Überhören und Nicht-Zuhörenwollen.

Praktische Konsequenzen: Die deutsche Exil-Literatur während der Nazizeit ist die Summe der Stimmen, die ins Exil hinausgedrängt und zum Schweigen gebracht wurden.

Eine Politik oder eine Kirchenpolitik, die die Fachkundigen zum Verstummen bringt, ist nie gut beraten. Wer immer in welchem Bereich auch immer Verantwortung trägt, sollte darauf achten, welche Sachkunde er auch durch seine eigene Hemdsärmeligkeit zum Verstummen bringt. Verantwortliche sollten sich fragen, ob dieser Preis des Verstummens anderer dann nicht doch zu hoch ist für ihr Schalten und Walten.

2 Gibt es eine politische Ethik?

Gerechtigkeit

Gerechtigkeit als Beitrag des Einzelnen

„Gerechtigkeit" wird heutzutage nahezu ausschließlich im Sinne sozialer Gerechtigkeit verstanden, und zwar so, dass soziale Ungleichheit beklagt wird. Es beginnt mit der nicht vorhandenen Chancengleichheit für arme Kinder und endet damit, dass man (angeblich) früher sterben muss, wenn man arm ist. Man spricht von Steuergerechtigkeit, wenn man eine gerechte Verteilung der finanziellen Lasten erreichen will. Alle sind sich offenbar darin einig, dass Gerechtigkeit von der Gesellschaft, bzw. „vom Staat" gewährt werden muss. Der Einzelne ist in so hohem Maße den Abgaben und Vorschriften unterworfen (man denke an die Steuergesetzgebung), dass Gerechtigkeit keine Tugend eines Einzelnen mehr ist. Der Maßstab der Gerechtigkeit scheint im Übrigen der Ausgleich zu sein. Um übermäßige Belastung und das Tragen von Lasten vom Einzelnen abzuwenden. Dabei schützt der Staat mit seiner Gerechtigkeit nicht einzelne Individuen, sondern bestimmte Bevölkerungsgruppen. Gerechtigkeit von Einzelpersonen erwartet man im familiären Sprachgebrauch vom Lehrer und vom Richter. Aber eben nur insofern diese als Staatsbeamte Hoheitsaufgaben vollziehen. Im Übrigen spricht man von gerechter Ordnung oder von gerechten Gesetzen – und meint damit wiederum etwas, das außerhalb der Verfügung des Einzelnen liegt.

Grundsätzlich fällt auf, wie stark unser Begriff Gerechtigkeit am Ideal oder an der Fiktion der „Gleichheit aller" orientiert ist. Diese erscheint als Ziel des gerechten Handelns: Der Reiche muss mehr Steuern zahlen; das ist gerecht, weil dadurch die Gleichheit aller ein wenig näher rückt.

Impulse aus der Weisheitstradition: Gerechtigkeit ist in den Schriften der Weisheit ein normativer Begriff, bezogen auf das Handeln von Personen, also im Unterschied zur Moderne nicht Attribut von Verhältnissen oder Systemen.

Gerechtigkeit ist niemals Aufgabe einer Gemeinschaft, sondern sie ist stets der Beitrag des einzelnen Menschen zu einer Gemeinschaft.

Das gilt insbesondere vom Sprachgebrauch Jesu. Nach Matthäus 5,20 sagt er: „Wenn eure Gerechtheit nicht größer ist als die der Pharisäer, werdet ihr in das Reich Gottes nicht eingehen." Bei Jesus gibt es demnach größere und geringere Gerechtigkeit – was uns völlig fremd ist. Denn bei uns ist der und nur der gerecht, der Chancengleichheit und Lastenausgleich gewährt. Und vom Ziel der Gleichheit ist bezüglich der biblischen Gerechtigkeit nirgends die Rede. Gewiss, ein Richter soll „kein Ansehen der Person" kennen, das ist seine Form von Gerechtheit. Denn vor dem Gesetz sind alle gleich. Aber das gilt nur für das Recht. Und Gerechtigkeit ist kein Ziel der Gesellschaft, sondern ein Verhalten des Richters, wenn er Gesetze anwendet.

Niemals würde man in der Bibel von „gerechten Gesetzen" reden, denn die Gesetze sind gerecht, sie sind sogar heilig (Römer 7,14) und heilsam. Daher gilt die Formel vom „wohltätigen Gesetz" (*nomos soter*).

In Matthäus 5,21 wird die Norm dem Gesetz vor- und übergeordnet. Diese Norm ist das Eingehen in das Reich Gottes. Ähnlich spricht Matthäus 6,33 vom „Reich Gottes und seiner Gerechtheit", das heißt, der Gerechtheit, die es fordert. Dabei gilt das Gesetz sowieso. Nur muss der, der in das Himmelreich gelangen will, einer weitaus strengeren Norm genügen, die letztlich in der Ähnlichkeit mit Gott besteht. Denn wer in Gottes Reich kommen will, muss mit ihm zusammen leben können, und das kann nur jemand, der ihm ähnlich ist.

Und so definiert sich bekanntlich das biblische Verständnis von Gerechtigkeit: Es ist der Beitrag, den der Einzelne liefert, so dass andere mit ihm zusammen leben können.

Gerechtigkeit beschreibt demnach in der Bibel grundlegend das Verhältnis des Einzelnen zur Gemeinschaft, es geht um die Frage, ob er sich den Standards und Anforderungen der Gemeinschaft fügt oder nicht. In der Gegenwart verstehen wir das meist umgekehrt: Gerecht oder ungerecht ist, wie der einzelne Mensch von der Gesellschaft oder ihren Institutionen behandelt wird.

Die Folgen dieser Auffassung von Gerechtigkeit liegen auf der Hand. Es handelt sich ganz deutlich um eine Versorgungsmentalität, die alles Notwendige von der Gesellschaft erwartet. Bei der Höhe der Steuern, die zu zahlen sind, ist diese Mentalität auch zwangsläufig. Kann man durch Rückbesinnung auf die Bibel daran etwas ändern?

Nun könnte der Kontrast zwischen gesellschaftlicher und individueller Gerechtigkeit leicht auf den Gegensatz links/rechts bezogen werden. Das ist indes plakativ und anachronistisch. Denn die Bibel ist nicht „rechts", und heute sind nicht alle Menschen einfach „links". Vielmehr ist zu fragen, wie die biblischen Vorstellungen in ihrer Fremdheit heute einwirken können. Es müsste ein spezifisches Einwirken sein, das nur die Bibel leisten kann.

Das Modell der katholischen Soziallehre über Solidarität und Subsidiarität ist bekannt und trifft haarscharf die Mitte zwischen Sozialismus und Liberalismus.

Interessant ist, dass in puncto sozialer Gesinnung die Weisheitsschriften der Bibel sich von den Propheten nicht unterscheiden. Das gleichmäßige Bedenken aller, besonders der Randgruppen (Witwen, Waisen, Tagelöhner, Gastarbeiter), ist in beiden zu finden. „Gerechtigkeit ist die Nächstenliebe der Weisen" (Gottfried Wilhelm Leibniz).

Gerechtigkeit als Freundschaft

Der besondere Beitrag der Weisheit liegt in der Deutung der Gerechtigkeit als Freundschaft – zum Beispiel in Sirach 6,1–23. Die Freundschaft erscheint als Substruktur eines Miteinanders in Gerechtigkeit. Die Anonymität der Massengesellschaft ist vermieden. Die persönliche Verantwortung bleibt. Der Bestand der Gemeinschaft ist allein auf Glaubwürdigkeit gebaut. Die Tatsache, dass es den verwerflichen Missbrauch in Form der Amigo-Seilschaft gibt, spricht nicht gegen das Prinzip, sagt aber viel aus über seine Effizienz.

Seit Aristoteles fasst man die Freundschaft als Grundelement einer Stadt auf. Das hat sich bis heute nicht geändert, auch wenn der Horizont der Stadt längst verblasst ist. Dass Jesus im Evangelium nach Johannes seine Jünger Freunde nennt, hat in christlichen Freundeskreisen (besonders in der Zeit der Aufklärung) Geschichte gemacht. Und die Urgemeinde nach Lukas lebt ausdrücklich nach dem Prinzip, dass Freunden alles gemeinsam sei, wie immer man „alles" und „gemeinsam" auch definieren mag.

Dass in der Weisheitsliteratur der Bibel Freundschaft eine so große Rolle spielt wie in der griechischen Philosophie, hängt auch mit dem Gottesbild zusammen. Denn schon in relativ alten Texten wird Abraham Gottes Freund genannt. Erst recht in jüngeren Texten, nach denen der Proselyt nach Abrahams Vorbild der Freund Gottes ist. Und die Freundschaft mit Gott war auch deshalb ein beliebtes Bild, weil sie im Unterschied zum „Sklaven Gottes", den das Alte Testament (und auch das Neue) sehr wohl kennt, eben das Element der Freiwilligkeit und Gegenseitigkeit einschloss. Nicht zuletzt deshalb ist die Freundschaft ein beliebtes Modell geworden, weil sie das Gegenteil zum familiären Zwang bedeutet. Aus der Weisheit spielt auch das Element der Tradition hinein: Alte Freundschaft, die lange andauert, ist ein

Stück krisenfester Tradition und darin – gerade in unserer Zeit – der Ehe oft leider überlegen. Die Aversion gegen Institutionen und ihre formalistischen Satzungen könnte sich das Phänomen Freundschaft gut zunutze machen. Denn Freundschaft lebt ohne Satzungen. Sie ersetzt nicht Institutionen, aber sie untermauert sie. Und zwar so weit, dass man, erlischt die Freundschaft, um die Institutionen fürchten muss.

Je geringer die Bedeutung der Familie ist, desto mehr wird die Freundschaft die Kinderstube für soziales Verhalten. Sie wird daher subsidiär für die Familie.

Freundschaft ist daher ein politisches und kulturelles Phänomen ersten Ranges und von besonderer Wichtigkeit. Sie ist ohne familiären Zwang, sie kennt keine institutionellen Zwangsmaßnahmen und sie ist Einübung des Sozialverhaltens. Das gilt besonders für Treue, Beständigkeit und die Notwendigkeit zu vertrauen. An Freundschaft lernt man Spielregeln und Rituale. Und man lernt an ihr, was Tradition und Beständigkeit bedeutet. In jedem Leben ist sie das „von alters her". Der „alte Freund", die „alte Freundin" tauchen zu bestimmten Zeiten wieder auf und werden dann wichtig. Freundschaft ist somit freiwillig und gegenseitig. Insofern ist sie der Idealfall für die Entwicklung und Bewährung mitmenschlicher Tugenden.

Und: Freundschaft gibt es nicht zum Nulltarif. Weder zeitlich noch finanziell noch in Bezug auf „Leistungen des Vertrauens". Auch insofern erzieht sie zu Grundlegendem. Und wo die Familie versagt oder nicht mehr da ist, da hilft sie über das Schwerste hinweg. Auch die Tatsache, dass es falsche Freunde gibt, macht auf einen ganz wesentlichen Faktor menschlichen Zusammenseins aufmerksam: auf das Vertrauen und auf die Wechselseitigkeit.

Die Weite, die Freundschaft haben kann (zwischen Völkern und Rassen, auch zwischen Mensch und Tier), rückt sie in die Nähe des Kostbarsten, was die Christen kennen:

die Gaben des heiligen Geistes. Denn der heilige Geist ist begriffen als Gott, insofern er die Grenzen niederlegt, die trennen (zwischen Gott und Mensch, Mensch und Mensch usw.). Auch Not leidende Einrichtungen, wie zum Beispiel die Kirchen, tun gut daran, diese Basis des Zusammenschlusses unter Menschen zu achten und zu beachten.

Widerstand gegen Konformismus

In der aktuellen Situation dominiert eindeutig das „Wir auch" gegenüber dem „Ich aber".

Die bestehende Medien- und Konsumgesellschaft ist auf eine fast totalitäre Weise konformistisch. Die *correctness* erlaubt kaum Abweichungen. Da überdies nach allgemeinen Urteil das oft problematische Verhältnis zwischen richtiger Meinung und tatsächlichem Handeln kaum zum Thema wird (Hauptsache: die richtige Meinung!), kann unter dem Deckmantel des Meinungskonformismus jeder tun und lassen, was er will, solange es nicht auffällt.

Impulse aus der Weisheitstradition: „‚Ihr Treulosen! Freundschaft mit der Welt ist Feindschaft gegen Gott. Wer die Welt liebt, kann nur Gottes Feind sein.' Nicht umsonst heißt es in der Schrift: ‚Gott erhebt mit Leidenschaft Anspruch auf den Geist, den er in uns wohnen ließ.' Doch die Gnade, die er zu schenken hat, ist noch weitaus reicher. Deswegen steht in der Schrift: ‚Die überheblich sind, weil sie schon alles haben, haben in Gott ihren Gegner. Doch den Demütigen schenkt er Gnade.'" (Jakobusbrief 4,4–6)

Der frühchristliche Dualismus, auf den wir hier bei Jakobus treffen, ist im Unterschied zu dem bei uns herrschenden Konformismus sehr stark am Einzelnen orientiert. So betont das Thomas-Evangelium immer wieder den „Einzelnen", „Einzigen" und „Einsamen", der sich bekehrt hat. In der Bekehrung und in der Folge davon in der Erwachsenen-Taufe hat er sich von Familie und Gesellschaft weitgehend gelöst. In den späteren Volks- und Familienkirchen ersetzt die Entscheidung für das Mönchtum (*monachos* heißt wohl: der Einzelne, Einsame) die Taufe in ihrer Funktion als Absage an die Mehrheitsgesellschaft.

Der mutige Außenseiter bezahlt seine Position mit persönlicher Einsamkeit und gesellschaftlicher Ächtung. Zwei evangelische Pfarrer in Ostdeutschland haben sich in den vergangenen zwanzig Jahren aus Protest gegen die tödliche *correctness* des kirchlichen Lebens bei lebendigem Leibe (im Sinne einer prophetischen Zeichenhandlung) verbrannt: der eine aus Protest gegen die Anbiederung der Kirche an die SED, der andere wegen der Sprachlosigkeit der offiziellen Kirche gegenüber dem Islam. Die Botschaft solcher völlig Verzweifelten sollte man nicht vergessen.

Gewaltlosigkeit

Es waren die Regeln der internationalen Weisheit, aus denen sich die Diplomatie entwickelte. Politik ist ihrem weisheitlichen Ursprung zufolge gewaltlos. Diplomatie ist daher traditionell der sanfte und elegante Weg des öffentlichen Umgangs miteinander. Die neuzeitliche Diplomatie stammt aus der Schule der orientalischen Weisheit. Sie gilt als der erfolgreichste Weg, die Anwendung von Gewalt zu vermeiden. Dies steht in der Tradition der Proverbien („Besser ein Stück Brot und Ruhe dabei als ein Haus voll Braten und dabei Streit“ (17,1)), und Pseudo-Phokylides 75 meint: „Wär’ bei den Seligen Streit, dann stünd der Himmel nimmer.“

Ein mittelalterliches Gedicht bringt diese Auffassung auf den Nenner:

Weisshayt fueret alle tugend
Weisshayt schweiget allem zorn

Weisshayt überwindet alle ding
Weisshayt macht got und der Welt genaem.[1]

Weil Gewalt der Weisheit fremd ist, gilt der weisheitliche Spruch (!): „Wer Gewalt gebraucht, kommt durch sie um". „Wer mit dem Schwert tötet, der muss mit dem Schwert getötet werden" (Offenbarung 13,10). Genauso heißt es in Matthäus 26,52: „Denn alle, die zum Schwert greifen, werden durch das Schwert umkommen."

Heute versuchen in sich zuspitzenden Konfliktsituationen beide Seiten zu erspähen, wann sich am ehesten die Gelegenheit zum Präventivschlag ergibt. Das Gegenteil des Präventivschlags ist die Vorleistung in Richtung Frieden. Der politisch Kundige und Erfahrene muss selbst entscheiden, was er den ihm Anvertrauten zumuten kann. Dabei spielt eine Rolle, ob die betreffende Gruppe selbst christlich geprägt und zu denken in der Lage ist.

Impulse aus der Weisheitsliteratur: Sowohl in der positiven Fassung der Goldenen Regel („Was du willst, dass man es dir tun soll, ...") als auch in den radikalen Mahnungen der Bergpredigt nach Matthäus 5,39–48 über den einseitigen Gewaltverzicht sowie bei den Aufforderungen, mit dem Vergeben zu beginnen, läuft die weisheitliche Mahnrede darauf hinaus, dass der Angeredete eine mutige und zunächst unbeantwortete Vorleistung in Richtung auf Frieden erbringt. Ohne Gott als Garantiemacht ist das gar nicht zumutbar. Wer sich an die Mahnrede hält, weiß: Vorleistung lohnt sich, wenn nicht alles Illusion war, was Menschen bisher mit dem Gott Abrahams erfahren haben. Und selbst wenn sich die Vorleistung nicht lohnte, so wäre doch das Zeichen für einen Anfang gesetzt.

1 Meister Ingold: Das goldene Spiel [1432/33], zitiert nach Kurt Lenk, Ideologie, 1976, 23

Praktische Konsequenzen: Wer in der Politik Vorleistungen der geschilderten Art erbringt, rechnet mit der schließlichen Einsicht des Gegenübers, dass Menschenleben um des Himmels willen geschont werden müssen. Er mag nicht damit rechnen, dass das Gegenüber frech jede Chance nutzt, die sich ihm zum Zuschlagen anbietet. Damit ist nicht gemeint, ein Gleichgewicht des Schreckens aufzubauen. Denn dann wäre wiederum nur Angst handlungsstiftend. Schon immer hat man daher auf erste Schritte der Vertrauensbildung Wert gelegt. Die Vorleistung ist vor-laufendes Entgegenkommen, Freundlichkeit, Machtverzicht. Insofern stellt es gewöhnliches Drohverhalten und Imponiergehabe sowie Einschüchterung auf den Kopf. Weise ist daran die Einsicht, dass Gewalt nur zerstört und Ruinen schafft, die später wieder aufzubauen sind.

Der Machtverzicht, der in einer Krisensituation geleistet wird, ist eine Form der Selbstbeherrschung, von der im Abschnitt „Der Politiker als Mensch“ die Rede war. Dies ist wichtig, da die in der Öffentlichkeit wirksamen Menschen oft auch das Potenzial zur Verheerung besitzen.

Ein ganz wesentliches Element christlicher Politik ist daher der vorauslaufende Machtverzicht bei drohender Konfrontation. Denn es gibt, darauf vertraut der Weise, den treuen Gott. Der Glaube an Gottes Treue ist daher in Israel ein elementarer Bestandteil der Weisheit. Insbesondere aber ist er die Voraussetzung zur Bewältigung der „Krise der Weisheit“, also der Frage danach, was mit dem auf Erden nicht ausgeglichenen Geschick sein wird.

3 Unternehmertum

Geld und Wirtschaft

Weltweit ist die Lage des Geldes durch zwei Entwicklungen geprägt: Das Geld und damit die Möglichkeit zu investieren sind zunehmend ungleich verteilt. Dieses Ungleichgewicht ist geographisch und kulturell bedingt. Das Geld ist in wachsendem Maße vom Faktor Arbeit unabhängig geworden. Das bedeutet: Je mehr Geld sich angesammelt hat, umso schneller kann der Bestand wachsen. Diese Verselbständigung des Geldes wurde als Problem bereits im 19. Jahrhundert erkannt. Die hohe Verschuldung von Städten und Ländern frisst heute immer größere Teile des erwirtschafteten Geldes auf. Von kommunistischen Experimenten profitieren nur kleinere Kommunitäten wie Klöster und Bruderschaften. Als Michail Gorbatschow das Kloster der Benediktiner in Tabga am See Genezareth besuchte, wies er auf sich und sagte: „Der letzte Kommunist", und zum Abt gerichtet sagte er: „Der erste Kommunist!". Die Frage, die sich daraus ergibt, ist die nach der Möglichkeit sozialer Güterverteilung ohne Planwirtschaft und ohne letztlich daraus rührender Diktatur.

Impulse aus der Weisheitstradition: Eine Geldwirtschaft im großen Stil gibt es seit dem Perserreich im 4. Jahrhundert v. Chr., und zwar als Begleiterscheinung von Großgrundbesitz mit einer Hierarchie von Pachtherren und Pachtnehmern. Dieses System gilt letztlich für die Steuereinnehmer („Zöllner") im Neuen Testament. Daran hatten aufgrund geographischer und politischer Verflechtung auch die Juden Anteil.

Eine radikale Ablehnung der Geldwirtschaft kennt nur Thomas-Evangelium 65: Die Kaufleute (Händler) können nicht in das Reich Gottes eingehen. Der Grund dafür ist ein verschärfter Dualismus zwischen „Gemeinde“ und „Welt“ in diesem gesamten Evangelium. Alle anderen biblischen Zeugnisse nehmen hierzu eine mittlere Position ein.

Die alttestamentliche Weisheit wertet den Gelderwerb positiv. Sie betont nur dessen untergeordneten Wert.

Nach dem Buch Kohelet bedeutet Geldbesitz „Schatten“. Im Sinne der orientalischen Wetterverhältnisse geurteilt meint dies eine Möglichkeit für Ruhe, Schutz, Kühlung und Ausruhen.

In Kohelet 10,19 kommt deutlich zum Ausdruck, was Geld alles zuwege bringen kann: „Festmähler werden zum Vergnügen gehalten, der Wein erfreut die Gemüter, und all dies ermöglicht das Geld.“ Geld ist also durchaus eine Möglichkeit der Problemlösung. Doch es wird ein differenziertes Bild gezeichnet: Das Buch Kohelet nennt auch häufig die rastlose Ansammlung von Geld – doch aufgehäufte Schätze werden schließlich von anderen genossen als von denen, die sie aufgehäuft haben. Und zuletzt: Besitz allein genügt noch nicht. Man muss daraus auch Geld erwirtschaften können, und dazu bedarf es einer Art Markt.

Für Kohelet gibt es beides: Einerseits fordert er dazu auf, rastlos und fleißig zu säen und zu ernten (11,6). Andererseits warnt er vor der Illusion, man könne dadurch das Dasein sichern.

Die Botschaft Kohelets lehrt dabei, zu „unterscheiden, was in Vermögen überführt und dem Marktkreislauf unterworfen werden mag und was als unveräußerliche Gabe dem Marktkreislauf entzogen bleiben muss“.[1]

Jesus als Bankfachmann

Die synoptischen Evangelien und einige Agrapha (ungeschriebene Jesusworte außerhalb der Evangelien) bezeugen, dass

---

1 M.Welker: „Ab heute regiert Geld die Welt …“, in: Chr. Gestrich (Hg.:) Gott, Geld und Gabe. Zur Geldförmigkeit des Denkens in Religion und Gesellschaft, Beiheft 2004 zur BThZ, 52–66,64.

Jesus umfangreiche Kenntnisse in banktechnischen Dingen besaß. Daraus könnte man schließen, Jesus habe eine Art Banklehre absolviert. Die Belege sind zahlreich. Wiederholt verwendet Jesus den Grundsatz „Wer hat, dem wird gegeben, wer wenig hat, dem wird auch das Wenige noch genommen." Dieser Grundansatz ist vor allem banktechnischer Art und kommt in den Evangelien auch im Zusammenhang mit dem Thema Geldanlage vor.

Im Gleichnis von den Talenten beziehungsweise den anvertrauten Pfunden (Lukas 19; Matthäus 25) argumentiert Jesus mit dem Bild des Investierens von Kapital. Und in dem Bericht vom reichen Jüngling macht Jesus die traurige Erfahrung, dass ein Mensch an das Geld stärker emotional gebunden ist als an die Freundschaft gegenüber Jesus.

In der Alternative „Gott oder dem Mammon dienen" stellt Jesus zudem eine harte, einmalige Wahlmöglichkeit auf. Und im Gleichnis vom lebenstüchtigen Verwalter (Lukas 16,1–11) entwirft Jesus sogar das Bild eines Menschen, der aus Angst vor dem Hinauswurf aus seiner Firma Urkundenfälschung, Bestechung und Veruntreuung in Tateinheit begeht. Dieser Mensch wird für seine Phantasie gelobt, obwohl sie kriminellen Charakter hat.

Auch in den Worten über den Bewährungsaufstieg in Lukas 16,9–11 zeigt Jesus, dass ihm der berufliche Weg eines Bankfachmanns nicht unbekannt ist: Diesem werden je größere Bezirke anvertraut. Außerdem fordert Jesus in Lukas 16,9 dazu auf, sich mit dem investierten Geld Beziehungen (Freunde) zu schaffen. Allerdings lässt Jesus keinen Zweifel daran, dass alles verdiente Geld immer mit dem Makel des Unrechts behaftet ist, da es eben immer zu einem Teil unverdient ist.

Jesus fordert des Weiteren auf, den „Schatz" dort zu deponieren, wo Räuber, Rost oder Motten nicht hingelangen. Heute würde man sagen: Er empfiehlt einen sicheren Tresor. Und im Agraphon Nr. 23 sagt Jesus: „Werdet gute Wechsler", und das heißt: Lernt, gut zu unterscheiden zwischen dem, was euch angeboten wird, ob es echte Münzen sind oder gefälschte.

Alle diese Beispiele weisen darauf hin, dass der banktechnische Umgang mit Geld für Jesus immer wieder ein Bild ist. Zumeist geht es um eine Metapher für phantasievollen, risikobewussten, radikalen Einsatz der ganzen Persönlichkeit. Die innere Unruhe, das Kribbeln in den Fingerspitzen, das ein Banker haben muss, empfiehlt Jesus denen, die sich um das Reich Gottes bemühen. Dabei geht es auch darum, dass hier, in der Predigt über das Reich Gottes, der wahre Schatz, der wirkliche und unvergängliche Reichtum, zur Debatte steht.

Gewiss ist die finanzielle Leidenschaft, die Jesus anspricht, lobt oder fordert, immer nur ein Bild. Dies sei hier ausdrücklich noch einmal erwähnt. Jesus sagt: Genau diese Leidenschaft der Suche nach Erfolg ist angebracht, wenn ihr das Reich Gottes erleben und das ewige Leben erringen wollt. Mit weniger geht es nicht.

Exkurs: Wirtschaftsethos als Erotik

An dieser Stelle seinen einige Beobachtungen aus der Wirkungsgeschichte des Christentums erlaubt. Bei der Erotik, um die es hier geht, geht es traditionell um eine nicht sexuell fixierte. In der Bibel gibt es sie als Liebe zur Weisheit (*philosophia*). Die Weisheit ist schön, sie ist als eine Frau vorgestellt, und das Streben nach Gemeinschaft mit ihr kann einen Menschen ganz erfüllen. Ähnlich war ja auch etwa beim reichen Jüngling (Markus 10) die Rede von einem erotischen Verhältnis zum Geld.

Solche Erotik hat Raum im monastischen Leben, sie hat mit großer Hingabe an eine Sache zu tun – und findet sich auch in der frühneuzeitlichen Betriebswirtschaft.

Unlängst meldete sich der Soziologe Michael Zöller (FAZ, 10.12.2005) mit der Meinung zu Wort, der Geist des Kapitalismus sei lange vor den Calvinisten von den Zisterziensern, dem ersten verfassten Orden der Kirchengeschichte auf benediktinischem Fundament, entwickelt worden. Hier sei die kontrollierte Lebensführung im Verbund mit ernster Arbeit und mangelndem Eigenverbrauch zur Ursache eines besonderen Frühkapitalismus geworden. Diese These ist zunächst zu belegen, dann aber auch kritisch zu hinterfragen. Nach ihrem Gründungsdokument, der *Charta caritatis*, verpflichten sich die Zisterzienser ausdrücklich zur Handarbeit (vgl. Instituta § 6). Diese Regelung machte eine Fortschreibung des Rentensystems unmöglich, mit dessen Hilfe die Klöster der Bewegung von Cluny reich geworden waren. Denn eigene Handarbeit war jetzt die einzige Erwerbsquelle. Das wird zur Keimzelle einer Theologie der Arbeit. Arbeit ist Gottesdienst. Sie ist also nicht nur Ergebnis des Fluchs über Adam nach der Vertreibung aus dem Paradies. Sie hat als Mühe auch Anteil am Weg der Erlösung der Welt. Und wer arbeitet, lobt den Schöpfer. Aber damit nicht genug: Zwei Aspekte der Spiritualität dieses Ordens finden sich in seinem ordenseigenen Wirtschaftsethos wieder. Das eine ist die schonungslose Analyse der menschlichen Schwächen. Wilhelm von Saint-Thierry, der Freund Bernhards von Clairvaux, gibt in seinen „Meditationen und Gebeten“ eindrückliche Beispiele einer kritischen Selbstanalyse jener Abgründe, Gespinste, Ausflüchte und Lügen des eigenen Inneren. Dem entspricht in der Ökonomie der Zisterzienser die gründliche Offenlegung aller Schwächen und Stärken nach dem Grundsatz: „Kontrolle ist besser als Vertrauen“. Die Erträge werden genauso verzeichnet wie die Planungen rational organisiert werden. Die Planungen beziehen sich insbesondere auf das Gebiet der Rohstoffe wie Erz und Holz. Begünstigt wird der wirtschaftliche Erfolg dadurch, dass der Orden die beiden zentralen Energieträger sicher im Griff hatte: die Wassertechnik und die Windmühlentechnik. Auf beiden Gebieten erreichten die Mönche erstaunliche Perfektion. Der reiche Waldbesitz um die Klöster sicherte das Holz, das man zur Verhüttung der Erze brauchte. In den größeren Städten besaßen die Klöster

„Vorwerke", die ihre Waren vermarkteten. Die zentralistische Verfassung des Ordens ermöglichte Vorzugspreise für Ordensbrüder und -schwestern.

Das zweite spirituelle Element, das auf Dauer ein wahres Wirtschaftsimperium dieses Ordens hervorbrachte, ist die „Erotisierung von Religion", die einen wahren Siegeszug des Ordens ermöglichte. Zunächst zur Rolle der Erotik in der Spiritualität: Die Kommentare zum Hohenlied aus der Hand der Zisterzienserväter und nicht zuletzt die Schriften der drei großen Mystikerinnen von Helfta (Gertrud, Mechthild von Magdeburg und Mechthild von Hackeborn) lassen erkennen: Der Satz des Hl. Bernhard, die Liebe zu Gott sei ohne Maß, bezog sich ohne jede Ängstlichkeit auf die Gesamtheit dessen, was man auch heute Liebe nennt. Insbesondere in den benediktinischen Männerklöstern hatte dieses Element noch keine überragende Rolle gespielt. Aber bei Bernhard und seinen Freunden entwickelte sich hier das Programm einer Totalhingabe, das sich neben manchem anderen genuin Zisterziensischem dann später besonders bei den Jesuiten wiederfand. Die Erotisierung der Religion bei den Zisterziensern ist eine Radikalisierung der früheren benediktinischen Ansätze. Die Theologie des Herzens des Hl. Augustinus wird bei den Zisterzienservätern in vollem Umfang wiederentdeckt. Aber hatte dieses auch im weitesten Sinne ökonomische Konsequenzen? Ja, denn die Präzision der zisterziensischen Architektur, der Zeitmessung mit Hilfe raffinierter Sonnenuhren, die Techniken der Entwässerung und des Weinbaus, die Erfindung zum Beispiel auch der Filzpantoffeln, all dieses setzte nicht nur scharfen Rationalismus in der Kritikfähigkeit voraus, sondern auch eine große Liebe zu den Dingen der Schöpfung und ein Übermaß von liebevoller technischer Experimentierfreude. Max Weber meint, „kapitalistisch" sei bei dieser Liebe zur Kreatur und zu wirtschaftlichen Vorgängen nicht der Mangel an Konsum, sondern die neue Fähigkeit, Sachgesetzmäßigkeiten zu begreifen und sich auf die neu entdeckten Regelsysteme (Investition, Rohstoffe, Planung, Gewinn-Optimierung, Bilanzen) einzulassen. Doch ist die soziale Bremse von vornherein eingebaut: Schon Bernhard sagt, der Schweiß bei der Arbeit kommt uns im Angesicht eines Dritten, nämlich des Armen.

Hier ist nun das kritische Gespräch mit Max Weber aufzunehmen. Denn die Zisterzienser kennt Weber weniger, wohl aber die Jesuiten. Der Mönch als der exemplarisch religiöse Mensch sei, wenigstens in den Orden mit rationalisierter Askese und am meisten im Jesuitenorden, zugleich der erste spezifisch methodisch, mit eingeteilter Zeit und steter Selbstkontrolle, unter Ablehnung alles unbefangenen Genießens und aller nicht dem Zweck seines Berufs dienenden Inanspruchnahme durch menschliche Pflichten, lebende Berufsmensch und somit dazu prädestiniert, als Werkzeug jeder bürokratischen Zentralisierung und Rationalisierung der Herrschaftsstruktur, der Kirche, zu dienen, die entsprechende Gesinnung innerhalb der religiös gestimmten Laien zu verbreiten. Dazu möchte ich bemerken: Max Weber spricht stets von „Askese“ und meint damit wohl rationalisierten Konsumverzicht. Auch in seiner Kapitalismusthese redet er wiederholt von „innerweltlicher Askese“. Weber betont dabei das Wort „innerweltlich“ und nimmt die Mönche generell aus seiner These heraus, weil er sie als weltabgewandt wahrnimmt. (Dass die Klöster, zumal eben die zisterziensischen, blühende Wirtschaftszentren waren, wusste er nicht.) Für die Jesuiten konnte er die Weltabgewandtheit allerdings nicht behaupten. Doch das Problem liegt an einer anderen Stelle, nämlich bei der Askese: Christliche Mönche verstehen sich nicht als Asketen, und Calvinisten auch nicht. Selbst der Eheverzicht der Mönche wird nicht asketisch begründet, sondern eben erotisch. „Dem Herrn ganz gehören“ nennt schon Paulus in 1 Korinther 7,14 als ganzheitliche Motivation für den Zölibat. Jede Askese wäre nur sexualfeindlich, Paulus aber ist „gott-freundlich“. Die Erklärung seines eigenen Verhaltens sucht er weder in der Abwertung der Ehe noch des Geschlechtstriebs, sondern in der Liebe allein zu Gott. Im Übrigen bestätigt die Fastenpraxis der Zisterzienser nur die Regel: Außerhalb der Fastenzeiten lebt man ganz gut im Kloster, und nach Benedikts Regel steht jedem Mönch täglich eine *hemina* eines alkoholischen Getränks zu (wie groß auch immer dieses Maß gewesen sein mag).

Nein, nicht die Askese macht den Mönch, sondern die Liebe. Und bei Calvinisten ist die Angst vor katholischer Werkgerechtigkeit viel zu groß, als dass man Askese und Fasten zu religiösem Rang erhoben hätte. In der Liebe liegt darum auch der Schlüssel, der eine Auseinandersetzung mit Max Weber sinnvoll erscheinen lässt. Nicht erst bei den Jesuiten des 20. Jahrhunderts, sondern schon in der Vergangenheit ist ein bestimmtes Phänomen nicht unbekannt: Anfangs kennt jeder Novize die große religiöse Begeisterung. Dann aber bekommt er regelmäßig ein Fachgebiet zugewiesen, das alle nur denkbaren Gebiete umgreifen kann. Von der Assyriologie bis zur Nervenheilkunde, von der Biologie bis zur Astronomie, von der Archäologie bis zur Soziologie. Hinter jedes Fach könnte der Name eines als Fachmann hochgeachteten Jesuiten eingesetzt werden. Diese Höchstleistungen sind möglich, weil die religiöse Inbrunst auf das zugewiesene Fach übertragen wird. (Nicht selten gewinnt das Fach dann so sehr die Oberhand, dass der Ordensaustritt die Konsequenz ist.) Denn die ungeteilte Liebe, die religiöse Inbrunst, verbunden mit strenger Rationalität, wendet sich dem neuen Fach zu. Historisch gesehen steckt hinter dieser großen Liebe zur Sache nicht das benediktinische Maß, sondern die zisterziensische Maßlosigkeit. Nicht die schlichte Arbeit, sondern das erotische Verhältnis auch zu menschlichem Wirken. Diese besondere Art von Liebe wird von den Zisterziensern erfunden, schon bei den frühen Technologie-Experten (zum Beispiel Wassertechnik) geübt, und findet auch in der Hingabe der Jesuiten ein Echo. Die Entdeckung des Eros in der frühen Zisterziensermystik hatte für die Einstellung gegenüber Technik und Wirtschaft eine ungeheuer inspirierende Wirkung und führte zu maßloser persönlicher Hingabe. In dieser Kraft wahrer Begeisterung und wirklicher Hingabe sind jene auch bleibend miteinander verwandt, die in Religion oder Wirtschaft oder Technik mit großer Hingabe Äußerstes zustande bringen können oder möchten. Das ist „befreiter Eros". Ein Eros, der eben nicht nur auf Sexualität zentriert ist, sondern der den ganzen Menschen ergreift.

Insofern gilt gegen Max Weber: Er hat die Askese überschätzt und fälschlich einen Kontrast zwischen innerweltlicher und weltabgewandter Askese für Europa angenommen.

Natürlich kann man den modernen Kapitalismus nicht auf die Zisterzienser zurückführen. Als der Kapitalismus entstand, lag der Orden seit Jahrhunderten danieder. Aber zwei Spielformen monastischer Spiritualität, man kann sagen christlicher Mystik, finden sich beim kapitalistischen Unternehmer wieder: Die mitleidslose rationale Kontrolle und die inbrünstige Hingabe an die Regeln der Sache (das ist nicht die „Firma"!). So tritt neben die Erotisierung der Religion im 11. und 12. Jahrhundert die Erotisierung jedweder Forschung, Wissenschaft, Planung und Entwicklung. Statt von Erotisierung könne man auch einfach von Liebe reden. Und es gereicht dem Christentum zur Zierde, dass es diese Art von Liebe entwickelt hat: die ja auch eine Liebe zur Kreatur ist. Daher möchte ich nicht einfach von Säkularisierung reden. Einmal mehr wird so der rasche Erfolg der zisterziensischen Lebensform im 12. Jahrhundert verständlich als Befreiung zu ungeahnter kreativer Liebeskraft. Und zwar als Freisetzung von Radikalität im Menschen. Hierfür waren die Impulse aus dem Evangelium fruchtbar. So gilt: Abendländische Mystik ist in doppelter Hinsicht strukturell den Qualitäten jeder kreativen und agilen Führungselite ähnlich – in ihrer Rationalität und in der Befreiung zur radikalen Hingabe an die Sache.

Fazit: Askese ist weder für Mönche noch für Wirtschaftsführer eine diskutable Antriebskraft, sie ist höchstens kollateraler Effekt. Die Antriebskraft ist Liebe – sowohl beim Mönch als auch beim Unternehmer, und zwar Liebe zur Kreatur, zur Sache, zu dem, was sich entwickelt und Früchte trägt.

Praktische Konsequenzen: Das Thema „Geld" und „Wirtschaft" hat wider Erwarten im frühen Christentum eine ganz unerwartet große und vielseitige Bedeutung. Anhand dieses Themas gewinnt der Satz Jesu erst eigentlich Farbe und Brisanz: „Wo euer Schatz ist, da ist auch euer Herz". Jesus kennt die Menschen so weit, dass er weiß: Wenn es um das Geld geht, sind Menschen zum Äußersten bereit. Geld ist also keineswegs das um des Jenseits willen völlig zu vernachlässigende Gut. Selbst Jesus weiß bereits, dass Kirche nur auch mit Geld gebaut werden kann.

Für konkretes öffentliches Handeln und die Politik könnte sich daraus Folgendes ergeben:

Die zitierten neutestamentlichen Texte offenbaren, dass mit Geld sorgfältig und verantwortungsbewusst umzugehen ist. Dazu gehören Sachverstand, aber auch sehr viel Mut und insbesondere Investitionsbereitschaft. Überblickt man die Texte (es kämen noch paulinische Abschnitte über die Kollekte hinzu), muss man sagen: Wohl auf keinem anderen Gebiet ist Eifer mit Sachverstand im frühen Christentum so eng verbunden wie hier.

Drei Bereiche sind für die biblische Wahrnehmung einander bis ins Detail ähnlich: Umgang mit Geld, Umgang mit Erotik und Sexualität und das Verhältnis zu Gott. Zu dieser Ähnlichkeit gehört ein Anspruch auf Exklusivität – wenn auch nicht ganz umfassend. Erotik kann ein Teil des Lebens sein genauso wie Geld verdienen und Frömmigkeit. Wie aber jeder Liebeskummer zeigt, hat auch Liebe die Tendenz, den Menschen ganz auszufüllen. Den reichen Jüngling nach Markus

10 nimmt das Geld völlig in Beschlag. Und die Rabbinen legen Deuteronomium 6,4f so aus, dass „lieben aus ganzer Kraft" heißt: „lieben mit deinem ganzen Vermögen". Im Falle des Mönchtums verdrängt die Gottesliebe sehr radikal Gelderwerb und Sexualität. Diese Beobachtung hat in jedem Fall auch politische Konsequenzen. Da Politik wesentlich auch Geldverwaltung ist, muss jeder Politiker wissen und beachten, dass der Umgang mit Geld die geschilderte Radikalität gewinnen kann. Das gilt besonders für dessen illegale Beschaffung. In dieser Hinsicht ist Jesus äußerst realistisch: Jesus geht davon aus, dass grundsätzlich jeder Gelderwerb mit Unrecht verbunden ist. Daher die Rede vom „ungerechten Mammon". Gleichzeitig sagt er, es sei entscheidend, was man dann mit dem Geld mache. Nicht die Vergangenheit, sondern die Zukunft ist auch hier die typisch biblische Blickrichtung. Und für diese gilt: Gott schreibt auch auf krummen Zeilen gerade.

Der Erwerbstrieb an sich wird nicht negativ bewertet, auch wenn er immer wieder in die Maßlosigkeit abrutscht. So wird der Erwerbstrieb beim Geld zum Bild für die Aneignung des Gottesreiches.

Jesus weiß, dass Kirche mit Geld gebaut wird. In der frühen Kirche ist darum insbesondere ein Eintrittsgeld in die Gemeinde belegt, das nicht gering war. Kirche tritt daher als Finanzträger in Erscheinung.

Wegen des tendenziell maßlosen Charakters des Gelderwerbs und des damit verbundenen Unrechts ist nach dem Verständnis der Bibel die Geltung von Gottes Gebot beim Umgang mit Geld (wie bei der Sexualität) eindeutig. Gottes und menschliches Gebot konkurriert hier mit dem Trieb zum Gelderwerb, der Oberhand gewinnen kann. Man kann deshalb nicht gleichzeitig an Gott glauben und Gelder veruntreuen oder „schwarze Kassen" aufmachen. Die oben geschilderte Konkurrenz (Gott – Gelderwerb) wird dabei deutlich. Es kann nur eines absolut gelten: Gott oder Mammon. Die staatlichen Gesetze repräsentieren hier Gottes Ordnung.

In einem Bericht von Apostelgeschichte 5 werden Ananias und Saphira mit dem Tod bestraft, weil sie der Neigung zur Bildung einer schwarzen Kasse nachgaben. Ähnlich streng muss insbesondere der berufsmäßige Umgang mit dem Geld anderer heute bei den Politikern geregelt sein.

Das Gesetz muss besonders den Bereich regeln, in dem Neigung zur Maßlosigkeit besteht. Deshalb sprechen Paulus und Jesus bei der Sexualität von der leicht maßlos werdenden Begierde (Mattäus 5,28; Römer 7,7f), und deshalb gilt von den „Feinden" des Kreuzes: „Ihr Gott ist der Bauch" (Philipper 3,19) – eine interessante Variante zum Geld als Gott in der Formel „nicht Gott dienen und dem Mammon".

Denn gerade hier ist es besonders mühsam, dem Gesetz Geltung zu verschaffen. Es gibt keinen rechtsfreien Bereich.

Die Bibel ist daher nicht nur von einer subtilen Psychologie des Geldes (synoptische Evangelien) inspiriert, sondern auch von einer Philosophie oder Theologie des Gesetzes: Das Gesetz ist hier nicht nur zweckmäßig, sondern auch dann leicht zu bewahren, wenn es wie im Judentum und Christentum eng mit dem Willen Gottes zusammengeht (Theologie des Gesetzes).

Kommunismus ist nur bei überschaubaren Gemeinschaften möglich. Denn aufgrund der naturgemäßen Starre und Unbeweglichkeit jeder Planwirtschaft kippt ab einer bestimmten Größe das System in Unregierbarkeit, Chaos und Korruption um. Diese Erfahrung aus zwei Jahrtausenden zu missachten, bedeutet Inhumanität.

Die Erotik des Gelderwerbs gilt im Christentum als Gefahr wie als Muster für religiöses Engagement. Sie ist ein mächtiger Trieb, und jeder Politiker, der sie bei sich und anderen übersieht, ist blind.

„The free-enterprise system is clearly outlined in the Book of Proverbs in the Bible“[1], stellt Jerry Falwell fest, und Max Weber findet: „Die Wirkung gottinniger und doch völlig nüchterner hebräischer Lebensweisheit, welche in den von den Puritanern am meisten gelesenen Büchern: den Sprüchen Salomos und manchen Psalmen, niedergelegt ist, fühlt man in ihrer ganzen Lebensstimmung.“[2]

Aktuelle Situation: Man ist darin einig, dass Unternehmer große Verantwortung tragen, sehr flexibel sein müssen und starke Nerven sowie eine gute Ausbildung benötigen. Die übermenschlichen Erwartungen an die Unternehmer machen sie zu potenziellen Helden oder auch zu Sündenböcken. Letzteres geschieht häufiger. Dunkel des Wagnisses und Einsamkeit der Entscheidung bedeuten die schwierigsten Stationen auf dem Weg.

Impulse aus der Weisheitstradition: Der Jakobusbrief 4,13–17 meint: „Nun zu euch Geschäftsleuten, die ihr sagt: Heute oder morgen brechen wir zu einer Geschäftsreise in diese oder jene Stadt auf, wir werden dort etwa ein Jahr bleiben und gewinnbringende Geschäfte machen. Ihr kennt doch das Morgen gar nicht, ihr wisst nicht, was der nächste Tag bringen wird. Als Menschen seid ihr nur wie der Rauch, der für einen Augenblick zu sehen ist und dann wieder verschwindet. Ihr solltet lieber sagen: ‚Wenn Gott es will, dann werden wir leben und dies oder jenes tun‘, anstatt jetzt mit euren unvorsichtigen Plänen zu prahlen. Solches Prahlen ist nicht gut. Und auch wer Gelegenheit und Kraft hat, Gutes zu tun, und es nicht tut, tut Böses.“

---

1 Jerry Falwell, Listen America!, Garden City, 1980, 13

2 Max Weber, Die protestantische Ethik und der Geist des Kapitalismus = Aufsätze zur Religionssoziologie I, Tübingen 1920, 17–206, 122.

Hier geht es um professionelle Unternehmer, zu deren Beruf langfristige Aktivitäten in Übersee gehören. Planen und Vorausschauen ist in diesem Beruf nötig. Der Brief kritisiert nicht die Unternehmungen selbst. Er rät nicht dazu, lieber zuhause zu bleiben und den Handel zu beschränken. Er kritisiert schon gar nicht das Geldverdienen. Er sagt nicht: Bleibt lieber arm. Was er kritisiert, ist die unangebrachte Selbstsicherheit, das Prahlen. Denn jeden Tag kann alles anders sein. Die Erinnerung an die Ungewissheit jedes neuen Tages gehört schon zur alten Weisheitsliteratur, auch in Ägypten. Im Prahlen, das so tut, als bestehe keine Ungewissheit, sieht der Jakobusbrief offenbar den christlichen Glauben, das Verhältnis zu Gott, berührt. Dieses ist sozusagen das Minimum: das Gefühl der schlechthinnigen Abhängigkeit „von dem da oben".

Im Rahmen der Theologie des Jakobusbriefs gehören diese unberechtigt selbstsicheren Worte zu den Mundsünden, die beklagt werden. Der Mensch ohne Gott ist für ihn der Prahler schlechthin. Die „leeren Worte" sind für ihn immer wieder das Ärgernis, und im guten Werk, in der bestandenen Anfechtung und im Gebet, bleiben die Worte des Menschen nicht leer. Und im Rahmen dieses allgemeinen Übels kennt der Jakobusbrief eine besondere Sorte leerer Worte für den Unternehmer. Seine allgemein angeprangerte Sünde findet sich eben auch bei Unternehmern in der oben beschriebenen Form. Wenn wir diesen Zusammenhang mit der leeren Rede beachten, wird auch Jakobus 4,17 verständlich. Denn das Gegenteil von leeren Worten ist eben Gutes tun. Das wiederum hat mit „Zeit" zu tun und damit, Prioritäten zu setzen, beherzt zu handeln. Statt lauthals zu meinen, über unbegrenzte Zeit verfügen zu können, sollte man lieber im richtigen Moment Gutes tun. Der Kontrast zwischen Sagen und Tun, zwischen leerer Rede und wirksamem Handeln ist hier genauso wichtig wie der zwischen dem stets ungewissen „demnächst" und dem rechten Augenblick.

Von Unternehmern handeln auch die Gleichnisse von den anvertrauten Talenten beziehungsweise Pfunden in Lukas 19 oder Matthäus 25. Wie im Jakobusbrief 4 ist auch hier der Rahmen vermutlich eine längere Geschäftsreise des „Herrn". Der Blick fällt nur auf die Verantwortung der zuhause gebliebenen Sklaven. In der Fassung nach Matthäus gibt der Herr ihnen noch nicht einmal irgendwelche Aufträge. Die Sklaven müssen selber erahnen, was der Herr von ihnen will.

Die Zwischenzeit müssen sie nutzen, um kreativ und phantasievoll, aber auch mit dem Mut zum Risiko unternehmerisch tätig zu werden. Durch das Gleichnis hindurch spüren wir den hohen Respekt, den Jesus vor Unternehmern hatte. Deren Tun wird hier zum Vorbild und Muster für das Handeln der Christen in der Zeit der Abwesenheit ihres Herrn erklärt. Das Berufsethos der Unternehmer ist hier das phantasievolle und mutige Herausfinden dessen, was nötig ist. Kein Handbuch gibt im Zweifelsfall Anweisung. Alles liegt an der richtigen Einschätzung des Augenblicks. Insofern geht es auch hier um die „Zeit", wie im Jakobusbrief 4. Und wie im Jakobusbrief 4,17 steht das Handeln zur rechten Zeit im Mittelpunkt.

Das Gleichnis vom Hochzeitsmahl schildert eingeladene Gäste, die alle absagen, der Großteil von ihnen aus unternehmerischen Gründen: „Der erste sagte: ‚Ich habe ein Stück Land gekauft und muss es unbedingt ansehen. Ich bitte um Entschuldigung.' Ein anderer sagte: ‚Ich habe zehn Zugochsen gekauft, die muss ich ausprobieren gehen. Ich bitte um Entschuldigung.'" (Lukas 14,18f) In der Matthäus-Fassung heißt es nur: Die Eingeladenen wollten nicht kommen und gingen weg, der eine zu seinem Acker, der andere zu seinem Laden (Matthäus 22). Interessant ist die Fassung im Thomas-Evangelium 64. Denn hier stehen die einzelnen Entschuldigungen einfach aufgezählt untereinander:

„‚Ich habe Geld[forderungen] gegenüber Kaufleuten. Sie kommen heute Abend zu einer Schuldnerversammlung zu mir, und ich muss ihnen die Zahlungsbedingungen nennen.'

‚Ich habe gerade ein Haus gekauft und muss mich einen Tag darum kümmern. Ich werde keine Zeit haben.'

‚Mein Freund heiratet, und ich bin für das Festessen zuständig. Ich kann nicht kommen. Ich bitte deinen Herrn, mich zu entschuldigen.‘

‚Ich habe ein Dorf gekauft. Da ich dabei bin, die Abgaben einzufordern, kann ich nicht kommen. Ich bitte, mich zu entschuldigen.‘

… Die Händler und Kaufleute werden nicht an den Ort meines Vaters gelangen.“

Angesichts dieses Textes kann man fragen: Werden hier nun die Gruppen geschildert, die notorisch dem Christentum fernstehen? Wird also eine Gemeinde der Armen hier getröstet mit Blick auf die Reichen, die ihr aus nicht wirklich nachvollziehbaren Gründen fernbleiben? Oder geht es um eine Problemgruppe unter den Sympathisanten und Angesprochenen? Oder richtet sich der Text direkt an reiche Gemeindemitglieder, die davor gewarnt werden, ihre geschäftlichen Aktivitäten so zu betonen, dass sie ihr Christentum vergessen? Eines ist jedenfalls sicher: Die Entschuldigungen sind so typisch und sie passen so hervorragend, dass man dem, der das Gleichnis so erzählt hat, ein sehr hohes Maß von Milieukenntnis zubilligen muss. Für die sozialgeschichtliche Einordnung der drei Texte aus Matthäus-, Lukas- und Thomas-Evangelium gehe ich davon aus, dass die Hörer/Leser sich im Text wiedererkennen können und dass der Verfasser des Textes bei ihnen etwas Bestimmtes erreichen will. Das bedeutet: Ich gehe nicht davon aus, dass in einem Text längere Ausführungen gemacht werden, die für die Adressaten deshalb uninteressant sind, weil sie in ihrem Leben gar nicht vorkommen. Legt man diese Kriterien zugrunde, dann zeigt sich, dass die drei Texte an sozial unterschiedliche Adressaten gerichtet sind. Im Matthäus-Evangelium geht es bei den Ausreden nur kurz um Leute, die anderweitig beschäftigt sind. Acker und Laden sind nur knapp benannte Tätigkeiten, deren Angabe den Adressaten genügt. Für Matthäus könnte man daher am ehesten Menschen annehmen, die dem Unternehmertum fern stehen. Anders bei Lukas: Hier geht es um Dinge, die in der Gemeinde vorkommen. Um ein Grundstück geht es auch in Apostelgeschichte 5: Lukas wirbt in seinem Evangelium besonders um die (reichen) Pharisäer. Im Thomas-Evangelium geht es klar um Ausreden oder Entschuldigungen, in denen sich reiche Leute unschwer wiedererkennen. Das betrifft besonders deren Terminkalender. So lautet meine These: In Thomas-Evangelium 64 werden genau die Menschen angesprochen, die sich auch in den Entschuldigungen wiedererkennen können.

Aber die Frage wird sofort sein: Sollte man nicht etwas gewinnender sein Menschen gegenüber, die doch für die Sache Jesu zu begeistern wären? Ist es da richtig zu sagen „Die Händler und Kaufleute werden nicht an den Ort meines Vaters gelangen"? (vgl. Sirach 26,29 „Nur schwerlich bleibt ein Kaufmann frei von Schuld, noch kann ein Händler frei von Sünde bleiben.") Nun, es geht um Unternehmer, von denen Thomas-Evangelium 64 spricht, um hartgesottene Menschen und nicht um solche, die sich beleidigt zurückziehen. Auch der reiche Jüngling in Markus 10 war nicht etwa zartbesaitet, sondern er liebte seinen finanziell orientierten Beruf so sehr, wie ein guter Kaufmann oder Unternehmer die Wachstumskurven der Umsatzzahlen schätzt. Es ging beim ihm nicht um ein vages Hingezogensein, sondern um die stärkste Kraft, die es im Menschen gibt, um die Liebe. Die Unternehmer unter den Adressaten des Thomas-Evangeliums werden also – und das war auch das Ziel dieses Gleichnisses – auf den provozierenden Schlusssatz ernsthaft reagiert haben. Sie werden sich damit auseinandergesetzt und gefragt haben, wie sie noch ihrem geliebten Beruf nachgehen können. Eben weil die Bindungen der Kaufleute an ihren Beruf so stark sind, bedarf es eines starken Gegengewichts und nicht eines begütigenden Kompromisses. Den Kompromiss mussten sie schon selber finden. Durch die Ausschlussdrohung kam jedoch vielleicht etwas in Bewegung – so hartgesotten wie sie waren.

Praktische Konsequenzen: Dem Beruf des Unternehmers verdankt das Evangelium Anregungen, und es äußert sich auch kritisch. Was die Anregungen betrifft, so lässt Jesus gar keinen Zweifel daran, dass er das große Engagiertsein, die sich über Tag und Nacht erstreckende Sorge und Wachsamkeit, die kompromisslose Aktivität über alles schätzt und zu würdigen weiß. Das Eingespanntsein des Unternehmers ist für ihn ein positives Bild, an das er gerne anknüpft. Gleichzeitig weiß Jesus: Diese Art von Engagement und Liebe kann zur schärfsten Konkurrenz des Glaubens werden. Nicht andere Religionen oder Philosophien, sondern das Managertum ist die wahre Konkurrenz des Christentums. Vergötzung des Geldverdienens ist Götzendienst. Diese Einschätzung des Menschen hat sich im Blick auf die dann folgenden zwei Jahrtausende als sehr realistisch erwiesen.

Man hat gefragt, ob das Christentum selbst zu dieser Polarisierung und damit zur Radikalisierung des Kapitalismus beigetragen hat. Die Thesen Max Webers beruhen freilich auf anderen Annahmen. Er sieht Kapital als Zeichen der Erwählung. Ich meine dagegen: Der Gelderwerb wurde durch das Christentum radikal profanisiert und steht gerade nicht mehr mit dem Wirken der Götter oder der Begünstigung durch göttliche Mächte in Zusammenhang. Die Liebe zum Kapital ist eine ganz starke Macht, aber sie ist eine ganz und gar weltliche Macht, der die Gefahr Götzendienst innewohnt. Insofern hat das Christentum den Gelderwerb förmlich herausgedrängt aus dem Bereich der Religion.

Anders gesagt: Seit dem Auftreten Jesu stehen hingebungsvoller Gelderwerb und Glauben in einer unversöhnlichen Beziehung. Das gilt gerade deshalb, weil sie innerlich ganz eng verwandt sind. Dadurch aber wurde die ideelle Feindschaft nur noch größer. Die Menschen machten es wahr, dass Glauben an Gott und Versklavtsein an das Geld sich diametral gegenüberstehen. Entweder man folgt der Eigenheit des Geldes: immer mehr werden zu wollen, oder aber man folgt der von Gott geforderten Gerechtigkeit, nach der das Geld für die Menschen da ist und nicht umgekehrt.

Wer hat, dem wird gegeben

Unter den überlieferten Jesusworten gibt es fünfmal einen Satz, der, ökonomisch und theologisch verstanden, höchst befremdlich wirkt. Sein Inhalt ist unmenschlich und mit dem Bild eines angeblich liebenden Gottes nicht vereinbar. Er lautet (mit Varianten): „Denn wer etwas hat, der bekommt noch etwas dazu. Und wer wenig hat, dem wird auch das noch genommen." In der direkten Nachbarschaft stehen zumeist Sätze ähnlich unfreundlichen Inhalts. Und es wird sich herausstellen, dass es sich um ein Gespräch zwischen Ökonomie und Theologie handelt. Die Ökonomie gilt als der sogenannte metaphernspendende Bereich, mit dessen Hilfe schwierigere Sachverhalte in der Theologie erklärt werden sollen.

Impulse aus der Weisheitstradition: Mitten im Gleichniskapitel des Markus-Evangeliums steht der Vers 4,24: „Und dann sagte er: ‚Nehmt euch zu Herzen, was ich euch jetzt sage! Genau das, was ihr austeilt, bekommt ihr zurück, und zwar noch mit einer Zugabe. Denn wer etwas hat, der bekommt noch etwas dazu. Und wer wenig hat, dem wird auch das noch genommen.'" Hier ist eindeutig die Situation vor Gottes Gericht am Ende der Welt beschrieben. Jesus gibt die Maßstäbe an, nach denen das Gericht vorgenommen wird. Das ist einmal die Talio, also die Entsprechung von Tat und Strafe. Und zum anderen ist es das Prinzip der Vergrößerung oder Verkleinerung der Masse. Das Gericht kennt nur „viel" oder „wenig". Es differenziert gar nicht, sondern gleicht auf den ersten Blick einem „Großreinemachen".

Natürlich wussten auch die alten Römer, dass die Armen immer ärmer werden, und das Judentum kennt bereits etliche Sprichwörter nach dem Schema: Wo etwas ist, wird fast notwendig immer mehr daraus, so die Weisheit (nach Proverbien 1,5; 9,9; Mischna Berakhot 55.40), im Neuen Testament die Erkenntnis (nach Matthäus 13,12), Glaube und Herrlichkeit. Auf Gericht und gute Werke bezieht sich 4 Esra 7,25 „Das Volle den Vollen, das Leere den Leeren". – Festzuhalten bleibt: Sowohl in Weisheit, Belehrung und Hören als auch im Gericht kommen nicht Gegensätze zusammen, sondern das Vorhandene wird durch Gleichartiges verstärkt. Darum geht es in dem Satz „Wer hat, dem wird gegeben".

Auch wenn der Satz „Wer hat, dem wird gegeben ..." aus dem Bereich von Geld, Finanzen und Vermögen stammt – das belegt schon die zeitgenössische Bedeutung von „haben" –, sollte klar werden, dass ein solcher Satz nicht einfach unmenschlich ist, sondern durch vergleichbare Erfahrungen aus dem Alltagsleben gestützt wird. Welche Funktion nun kann ein derartiger Satz im Leben haben, wenn man ihn wörtlich nimmt? Der Satz kündigt die Beseitigung von Differenzierungen und Zwischenstufen an; eigentlich sind aber doch solche differenzierten Betrachtungen wahr und realistisch. Durch einen Satz wie diesen wird die mittlere Zone zwischen Millionär und Bettler aufgehoben, das ganz alltägliche Dazwischen, in dem doch die meisten leben. Und in dieser Situation wirkt ein solcher Satz, rhetorisch bedacht, als extremer Stimulus, als Anreiz und Aufforderung zu Fortschritt und Bewegung. Denn tatsächlich weiß ja niemand genau, ob er zu den Habenden oder den Nicht-Habenden gehört. Alle Gewissheit wird durch Unruhe ersetzt. Texte über den Herrn als Ausbeuter wie Matthäus 25,26b oder Lukas 19,21 sollen Bitterkeit und Wut bewirken. Wer dann wirklich „umkehrt", verwandelt diese Aggressivität in Energie und Entschlossenheit.

Es geht dabei also nicht darum, Vertrauen in die Weltordnung zu vermitteln, sondern um extremen Realismus und schließlich um Trotz.

Man beachte ferner: „Wer hat, dem wird gegeben, wer nichts hat, dem wird … genommen“ bringt in der Apodosis (im zweiten, folgernden Teil) beider Sätze ein Passiv; beide Male heißt es, „dem wird … (gegeben, genommen)“. Zu einem aktiven Verhalten wird weder in den Vor- noch in den Nachsätzen aufgefordert. Darin genau liegt das Ärgernis dieser Sätze. Sie wirken zunächst deprimierend, defätistisch und „zum Verzweifeln“. Denn die, die „haben“, sind in jeder Hinsicht bekanntlich immer nur wenige, ganz gleich, ob es um Geld, Wissen, Glück oder Zufriedenheit geht. Dieser extreme Defätismus soll zum Protest oder zur Bewegung führen nach dem Motto: Ich will das nicht! So darf es nicht kommen! Man sollte daher, anders als Ulrich Luz[1] es tut, zu diesen Sätzen nicht Bert Brecht zitieren, der sagt, Jesus habe eben kein Interesse an der Ökonomie gehabt.[2] Durch seinen äußersten Realismus ist Jesus auf seine Weise subversiv. Denn die Logik lautet doch: Das alles gilt bei Gott noch viel mehr als unter Menschen.

Gottesbild und Ökonomie

Durch seinen extremen Realismus will Jesus Trotz provozieren. Denn das Geschilderte kann doch nicht Schluss und Endpunkt des Evangeliums sein. Was also dann?

Die Frage angesichts des Gleichnisses ist: Ist es bei Gott so wie im ärgerlichen Gleichnis geschildert? Dienen die Christen einem Herrn, der so anspruchsvoll ist? Wird man nur mit einer Intelligenz und mit einer ökonomischen Phantasie gerettet, wie sie in riskanten Geldgeschäften nötig und üblich ist? Die Antwort kann nur heißen: Ja, ja, so ist es bei Gott!

Keine Frage: Jesus sieht in der Religion, die er verkündet, mindestens ein, zwei bedeutende Ähnlichkeiten zu der Ge-

---

1 Luz, Ulrich: Das Evangelium nach Matthäus, Bd III, Zürich, Düsseldorf, 1997, 503

2 Brecht, Bert: Dreigroschenroman (Werke 13), Frankfurt/Main 1967, 1154.

schichte, die er im Gleichnis erzählt. Man nennt das Vergleichspunkt (*tertium comparationis*). Nun hält er zwar den Bereich der Ökonomie für die Welt des „ungerechten Mammons“. Das heißt: Mammon ist Reichtum, und er wird wie eine Art Gott bedient. Da es aber für Juden und Christen nur einen Gott gibt, kann man nach Lukas 16,8 nicht zwei Herren dienen. Nicht Gott und dem Mammon zugleich.

Aber Gott und Mammon sind natürlich ähnlich, sonst könnte Jesus sie nicht so völlig gegeneinander stellen. Diese Ähnlichkeit bezieht sich auf folgende Punkte:

Beide fordern exklusive Zuwendung, vor allem emotionaler Art. Für den Reichtum zeigt das am besten der „reiche Jüngling“, der voll echter Trauer die Freundschaft Jesu nicht erwidern kann. Denn leider schätzt er den Reichtum am Ende doch höher, als dass er Jesus lieben kann. Man kann bei beiden von einer quasi-erotischen Zuwendung sprechen.

Gott und Mammon orientieren sich am Prinzip der Einzigkeit ihrer selbst. Der Mammon errichtet in der Welt quasi-monotheistische Züge. Beide regieren in der Welt oder möchten es. Und beide fordern für den Dienst an ihnen eine tägliche Sorge. Angesichts der Majestät beider sind entweder die lauen Christen oder die kleinen Konten unerheblich. Beide verkünden oder drohen mit dem Tag der Abrechnung (Offenbarungseid). Beide appellieren oder lassen appellieren an die letzten, äußersten Anstrengungen. Ganz so soll man wohl die Rede vom „jungen Konto“ verstehen: ein Konto, das man mit jugendlicher Lust an Expansion, Mut und Dynamik, mit Lebensfreude bedient, damit es sich frühlingshaft entwickelt. Denn Gott und Mammon sind extrem anspruchsvoll. Bei beiden geht es um Sicherung der Zukunft. Und beide Instanzen sind auf die Vermehrung ihrer Macht aus. Der Mammon auf die Steigerung der Quantität als einziges Daseinsgesetz, Gott auf die Steigerung der Intensität der Hingabe. Der Absturz im Falle des Misslingens dieses mutigen Schrittes ist in beiden Fällen furchtbar.

Das Prinzip der antithetischen Ähnlichkeit der Gegensätze nennt man auch die Nachäffung des Guten durch das Böse. Sie ist das Kompositionsprinzip auch der Offenbarung des Johannes. Aufgrund der zahlreichen Analogien kann man beide grundsätzlich leicht verwechseln. In der Tat hat die Anbetung des Geldes bis heute monotheistische Züge, auch wenn inzwischen die Gesundheit als höchster Wert an die Stelle des Geldes getreten ist.

Nun sprechen Matthäus 25 und Lukas 19 nur von der Zukunftssicherung durch Geldvermehrung. Insofern ist dieses Gleichnis die Verifikation, also die Umsetzung und Erläuterung von Lukas 16,8 – niemand kann zwei Herren dienen – für die Gattung der Gleichnisse. Der Dienst an dem einen Herrn wird zur Illustration des Dienstes an dem anderen Herrn.

Aber kann es denn wirklich sein, dass die Ungerechtigkeit der Welt, dass kapitalistische Ungerechtigkeit zum illustrierenden Hintergrund wird für die Heiligkeit Gottes? Kann das Ausbeutertum Gottes, der erntet, wo er nicht gesät hat, wirklich das Evangelium verständlich machen? Ist die fordernde Heiligkeit Gottes wirklich mit der Ungerechtigkeit der Welt vergleichbar? Ist Gott auch unersättlich in seinen Forderungen an unser Engagement, so wie die Juden von der Unersättlichkeit des Staates an Steuern, der Gräber an Toten, des unfruchtbaren Mutterschoßes an Samen, des Meeres an überschwemmtem Land sprechen? Sind wir aufgrund der Unersättlichkeit Gottes nach Anbetung und Glaubenshingabe, nach Liebe und Hoffnung nicht auch hier ständig überfordert?

Es geht nicht um die grenzenlose Forderung, die einen Sinn in sich selbst hätte. Nach dem ökonomischen Denken wie nach dem Glauben hat das beherzte und phantasievolle, das einsatzfreudige und leistungswillige Tun der Menschen einen Sinn nicht in sich selbst, sondern im Bewerkstelligen oder Erwirtschaften einer Substanz, von der man lebt. Ich verwende das gefährliche Wort „Substanz", um für beide Bereiche Zutreffendes zu sagen. Mit „Substanz“ meine ich für die Gleichnisse das, was die Bibel metaphorisch „Schatz“ nennt. Für die Ökonomie das, was man Bruttosozialprodukt nennt. Durch das Tun des Menschen kommt etwas zustande, wovon man leben kann. Das ist der Sinn von Anstrengungen im Rahmen des Kapitalismus, und der Erwerb des himmlischen Schatzes ist Ähnliches in der Sprache der Bibel. Nach der Bibel kommt der himmlische Schatz zustande durch Verzicht auf irdische Vergeltung, auf irdischen Lohn und irdischen Reichtum sowie auf irdisches Ansehen. Es geht um ein Gut, das ich eben nicht jetzt, sondern erst übermorgen genießen werde. So weit kommt auch hier eine tiefe strukturelle Gemeinsamkeit von Theologie und Ökonomie zum Ausdruck, die beide ihren Ursprung aus dem gemeinsamen kulturellen Hintergrund im Vorderen Orient nicht verbergen können. Um es in aller Klarheit zu sagen: Das Gute tut ein Christ nicht um seiner selbst willen, weil es gut ist, sondern im Rahmen einer theologischen Ökonomie, die ohne Umschweife in den Bildern vom Lohn und vom himmlischen Schatz redet. Dass diese Metaphorik im Laufe der Kirchengeschichte Ärger verursacht hat, ändert nichts an ihrer biblischen Herkunft. Es gibt eine theologische Ökonomie, in der es auch ein wohlverstandenes Eigeninteresse gibt. Ärger hat nur bereitet, wenn man das Wort falsch verstand und behauptete: „Wenn das Geld im Kasten klingt, die Seele aus der Hölle springt.“ Das jedoch war ein plattes Missverständnis.

Die neuere Metapherntheorie weiß darum, dass die metaphorische Verwendung von Lohn oder Schatz für theologische Sachverhalte, also für den Zusammenhang von Tun und Heil, selbst Rückwirkungen auf den ökonomischen Bereich gehabt hat.

Wie war das in diesem Fall? Die metaphorische Verwendung bedeutet eben dieses:

Geld ist nicht Gott, Ökonomie ist nicht göttlich. Sie äfft nur Göttliches nach. Sie ist es nicht in sich selbst. Gerade dieses ist doch die Grundvoraussetzung dafür, dass Jesus in Gleichnissen redet.

Der Mammon ist nicht wirklich Gott, obwohl seine Anhänger so tun. Daher hat er auch keine blinde Eigengesetzlichkeit, die man vorschieben oder vortäuschen könnte. Zum Beispiel ist derjenige, der sich dem wahren, wirklichen Gott und seinen Geboten unterstellt, wahrhaft frei gegenüber dem Bereich des Mammon. Das aber bedeutet: Das Gesetz der quantitativen Mehrung, das im Bereich der Ökonomie zu gelten scheint, ist nicht wirklich ein Naturgesetz, sondern der Mensch ist ihm gegenüber frei. Das gilt ganz besonders dann, wenn er die Konkurrenz zwischen Gott und Mammon erkannt hat, die Herrschaft des Mammon als Reich der Ungerechtigkeit erkannt hat und sich daraufhin vom Diktat der Gesetze des Mammon frei macht.

Wenn Ökonomie nicht göttlich ist, dann darf der Mensch hier gesetzgebend eingreifen und lernen, mit dem „ungerechten Mammon" gerecht umzugehen. Er hat die Freiheit, die Ungerechtigkeit nicht als zwangsläufig anzusehen, sondern kann und muss daraus Gerechtigkeit bauen. Jesus sieht das so in Lukas 16,9 („Schafft euch Freunde mit dem ungerechten Mammon ...") und geht demnach fest davon aus, dass man aus Ungerechtigkeit hier Gerechtigkeit machen kann.

Wir wissen durch Lukas 16,9 zur Genüge, dass Jesus den Mechanismus der Ökonomie pauschal als Unrecht bezeichnet. Er versucht nicht, einzelne Aktionen in diesem Gefüge zu beenden oder zu verbessern. Er „akzeptiert" und verurteilt das ganze System in einem. Aber er sieht im Bereich des Handelns seiner Jünger eine Möglichkeit, es anders zu machen, das Unrecht in Freundschaft zu verwandeln, und zwar dadurch, was die Jünger mit dem Geld anfangen.

Es gilt aus meiner Sicht nicht ein Nebeneinander von Ökonomie und Theologie (Zwei-Reiche-Lehre) oder Parallelstrukturen zwischen ihnen, sondern die Zugehörigkeit zum einen Reich (Reich Gottes) hat die Aufhebung der totalen Eigengesetzlichkeit und der Autonomie des anderen zur Folge und insofern die Relativierung und das Schaffen von Freiräumen, wo keine zu sein schienen.

Wie Jesus sich das vorstellt, deutet er nicht nur in Lukas 16,9 an, sondern vor allem auch in Matthäus 25, in der Liste der Werke der Barmherzigkeit. Er denkt dabei daran, dass sie weltweit zu üben sind. Deshalb gibt es keine Einschränkung auf eine bestimmte Gruppe: Wer auch immer einem Geringen Gutes getan hat, der hat es ihm selbst, dem Richter, getan. „Wer auch immer": jeder beliebige Mensch wird damit in den Blick genommen.

Als Fazit steht: Jesu Botschaft und Raubtierkapitalismus stehen sich in extremer Nähe und zugleich in extremer Feindschaft gegenüber.

Die extreme Nähe besteht darin, dass Christsein und Kapitalismus beide ein Spiel auf Leben und Tod, also mit Gestaltung von Zukunft, sind, dass beide nur als Folge hundertprozentigen Engagements denkbar sind, dass bei beiden nur die Inbrunst zählt und zum Erfolg führt, die über die kleinen Wehwehchen der beteiligten Spieler hinwegsieht. Der Kapitalist hat ein religiöses Verhältnis zum Geld, welches seinerseits nur sich selbst kennt und sich selbst zum Gesetz macht. Genauso ist es in der monotheistischen Religion: Gott kennt nur sich selbst, ihm gehört alles, alle Gebote sind nur Entfaltung des 1. Gebotes, dass es keinen anderen Gott gibt. Beim Geld zählt nur das Gebot der Selbstvermehrung, bei Gott nur das Gebot der Mehrung der Ehre Gottes in allen Dingen.

Die extreme Feindschaft besteht eben in dieser Ausschließlichkeit, die von beiden je für sich beansprucht wird. Die Anbetung des Geldes und die heilige Scheu vor seiner Eigengesetzlichkeit stehen auf der einen Seite. Diese Eigengesetzlichkeit ist nach Jesus tendenziell total. Der Mammon beansprucht den ganzen Menschen.

Nun wäre vorstellbar, dass Jesus beiden Absolutheitsansprüchen Mäßigung verordnet. Dass er sagt: Seid keine inbrünstige Kapitalisten, dann könnt ihr euren Kapitalismus sehr wohl mit eurem Christentum verbinden. Das ist übrigens die Lösung, die wir heutzutage gewöhnlich finden, und Jesus hat sehr wohl gewusst, warum er sie nicht empfiehlt: Kapitalismus ist eine Fremdreligion im strengen Sinne des Wortes, und mit einer solchen gibt es keinerlei Kompromisse („Null Toleranz"). Jesus weiß offenbar das, was auch wir ahnen: Eine halbe Lösung ist bequem und Verrat.

Die positive Lösung Jesu heißt vielmehr: Verwandlung. Verwandelt euren Götzendienst in den wahren Gottesdienst. Er ist ihm strukturell ähnlich. Macht euch Freunde mit dem ungerechten Mammon, das heißt: Geld kann man zu etwas ganz anderem gebrauchen als zum Götzendienst. Man kann es gebrauchen zum Aufbau der Freundschaft mit Armen – das ist dasselbe wie Kirche. Verwandelt eure abgöttische Liebe zum Geld in Liebe zum wahren Gott. Verwandelt euer Geld aus unrechtem Hamstern in förderliche Spenden. Verwandelt eure phänomenale Geldgier in Investitionsfreudigkeit zugunsten der Schaffung von Arbeitsplätzen.

In die Gegenwart übersetzt: Schafft Mikrokredite wie in Bangladesh geschehen, helft kleinen Unternehmern zur Selbsthilfe. Dann ist nicht die Gewinnmaximierung des oberste Ziel, auch nicht einfach Mildtätigkeit, sondern Hilfe zur Selbsthilfe.

Verwandelt euren maximalen Eifer für das Kapital in maximales, phantasievolles Engagement zugunsten von mehr Gerechtigkeit.

Genau den Eifer, den ihr im Kapitalismus der Raubtiere zeigt, genau diesen Feuereifer übertragt auf Gottes gerechtes Regiment, verwandelt ihn in einen heilvollen Feuereifer.

Löwen sollt ihr sein, aber nicht nur solche, die den eigenen Löwenanteil erjagen, sondern: Eure abgöttische Liebe zum Geld, polt sie um, leitet sie um wie einen Wildbach zum Antrieb der Kraftwerke der Familie Gottes. Dass es auf heiße Liebe ankommt, habt ihr ja sozusagen schon begriffen. Nur das Feld, auf dem sie gilt, muss sich ändern. An die Stelle des Götzen, der nur auf Gewinnmaximierung zielt, setzt den einen wahren Gott.

Für den Theologen ist dieser Satz wichtig: Die skeptische Weisheit wird zum Instrument glühender Mystik. In welchem Zusammenhang stehen diese drei Begriffe: Weisheit – Kapitalismus – Mystik?

Zu sagen: Wer hat, dem wird gegeben, das ist skeptische Weisheit. Sie ist illusionslos, rechnet mit dem Schlimmsten.

Kapitalismus wird uns vor Augen gestellt als brutales Erfolgsmodell.

Glühende Mystik: Wenn das Raubtier in uns zum Heiligen mutiert, wenn der Imperialismus des Löwen verwandelt wird in das, was Thomas von Aquin die leidenschaftliche Gerechtigkeit nennt. Es ist dieselbe Energie, sagt Jesus, sie hat nur eine neue Richtung genommen. Mystik ist Hingabe und Kampf, ist Verschenken des Lebens, heißt aus Liebe alles auf eine Karte setzen.

4 Arbeit

Bringt man gegenwärtige Probleme zum Thema Arbeit zusammen mit den Anregungen aus der Weisheitsliteratur der Bibel, so zeigen sich folgende Themenbereiche: Gibt es ein Recht auf Arbeit? Wie steht es um das Verhältnis von Arbeit und Würde, von Arbeit und Ruhe, von Arbeit und Lohn (Mindestlohn), in welchem Zusammenhang stehen Arbeit und das Sein in der Welt? Die biblischen Weisheitstraditionen sind recht ergiebig, was das Thema Arbeit angeht.

Gibt es ein Recht auf Arbeit?

Auch wenn die Massenarbeitslosigkeit gegenwärtig geringfügig zurückgegangen ist, stellt sich das Problem nach wie vor in voller Schärfe. Die leicht entspannte Situation birgt vielmehr sogar die Gefahr, dass Menschen aufgrund der eingetretenen Besserung vorübergehend ihr Interesse und Engagement in der Sache verlieren.

Impulse der Weisheitsliteratur: „Geh hin, du Fauler, zu der Ameise; schau ihr Verhalten, dass du weise wirst“, ermahnen Proverbien 6,6, und dort in 10,4 ist zu lesen „Die faule Hand verursacht Armut, doch Reichtum schafft die Hand der Fleißigen“. Lukas 13,14 betont: „Sechs Tage sind es, an denen man arbeiten darf …“; Sirach 33,36f „Halt deinen Knecht zur Arbeit an, sonst wird er widerspenstig; denn wenn er müßig geht, kommt er auf manche Bosheit.“; Johannes 9,4 ist überzeugt:„Wir müssen die Werke, … vollbringen, solange es Tag ist; es kommt die Nacht, da niemand zu wirken vermag“; „Wir … mühen uns ab in der Arbeit mit unseren Händen“, berichtet Paulus in 1 Korinther 4,12; und 1 Thessalonicher 2,9:

„… Tag und Nacht arbeiteten wir, damit wir keinem von euch zur Last fielen, und verkündeten das Evangelium“. 2 Thessalonicher 3,10 findet: „Wer nicht arbeiten will, soll auch nicht essen!“ Sirach 7,20f ermahnt:„Den Sklaven, der zuverlässig schafft, misshandle nicht, auch nicht den Lohnarbeiter, der sich dir selbst hingibt. Den Sklaven, der klug ist, liebe wie dich selbst: Versage ihm die volle Freiheit nicht.“

Arbeit als Privileg des Menschen

Immer wieder wird die Arbeit als eine mühevolle Pflicht des Menschen dargestellt, der sechs Tage in der Woche arbeiten „muss“. Nur wenige Texte betonen sein Recht auf Arbeit. Jesus sagt von den Tieren und Pflanzen: „Seht euch die Vögel des Himmels an. Sie säen nicht und ernten nicht und sammeln keine Vorräte für den Winter. Euer himmlischer Vater sorgt dennoch für ihre Nahrung. Und ihr seid doch viel mehr wert als sie … Denkt doch daran, wie die Lilien im Garten blühen. Sie wissen nichts von Spinnrädern und Webstühlen …“ (Matthäus 6). Das fehlende Tun ist offensichtlich keine Auszeichnung der Tiere, sondern ein Mangel. Denn obwohl ihnen die Arbeit fehlt, ernährt und kleidet Gott sie doch.

Ausdrücklich sagt es Rabbi Meir in Mischnat des Rabbi Eliezer (20,36): „Als einziger Kreatur gab Gott die Arbeit dem Menschen“, und das zeichne ihn aus. Denn als einzige Kreatur ist er auch nach dem Bild Gottes, und eben Gott selbst arbeitet auch jetzt noch, selbst am Sabbat (Johannes 5, 17). Der Mensch ist also in der Arbeit Gott ähnlich.

So bedeutet die Belastung mit Mühe auf jeden Fall auch eine Nähe zu Gott.

Praktische Konsequenzen: Die Bibel betont seit Genesis 6 die Pflicht zur Arbeit und stellt sie immer wieder heraus. Bei Lichte betrachtet, ist die Pflicht zur Arbeit sogar mehr als ein Recht auf Arbeit. So wird den Sklavenhaltern eingeschärft, dass sie ihre Sklaven nicht nur wegen Nützlichkeit zur Arbeit anhalten sollen – dahinter wird ein Menschenbild erkennbar, für das die Arbeit wesentlich ist.

Arbeit und Würde

Im Zusammenhang mit dem Marxismus ist immer wieder diskutiert worden, ob Arbeit nicht gegen die Würde des Menschen verstößt. Die Antwort der Bibel ist hier ganz eindeutig.

Impulse aus der Weisheitstradition: So ist für die Bibel im Ganzen die Arbeit nicht unter der Würde des Menschen, sondern macht ihn dem Schöpfer ähnlich. Denn so wie der Schöpfer sechs Tage an der Welt gearbeitet hat und dann am siebenten Tag ruht, gerade so soll es auch der Mensch machen. Der Rhythmus von Arbeit und Ruhe ist daher eine bedeutende Ähnlichkeit mit Gott. Was den Fluch der Arbeit ausmacht, nennt Genesis 3,17f: Mühsal, Dornen, Gestrüpp, Unkraut und Schweiß. Doch die Arbeit selbst hat den Rang schöpferischen Tuns.

Lob des Facharbeiters
Den Ausdruck Facharbeiter kennen unsere Bibelübersetzungen nicht. Stattdessen sprechen sie nur von Handwerkern. Indes ist ein Teil der Menschen, die die Übersetzungen Handwerker nennen, heute unter der Bezeichnung Facharbeiter zu finden.

Das klassische Kapitel für dieses Thema ist Sirach 38, worin der Siracide großes Interesse an der Aufwertung qualifizierter „Handarbeit" hat. Darunter ist alles zu verstehen, zu dem der Mensch seine Hände gebraucht und wofür er individuell verantwortlich ist. Zunächst verteidigt er diese Tätigkeit gegenüber den „Weisen", dann hebt er ihre wunderbaren Produkte hervor, und schließlich beklagt er das mangelnde Ansehen dieser Art von Arbeit in der Öffentlichkeit. Damit setzt er sich auch lebhaft dafür ein. Der Schluss lautet:

„Sie insgesamt verlassen sich auf ihre Hände und jeder ist geschickt in seinem Werk. Ohne sie wird keine Stadt bevölkert, und wo sie wohnen, leiden sie nicht Hunger. Doch in der Volksversammlung fragt man sie mitnichten, noch ragen sie hervor in der Gemeinde. Sie sitzen nie auf einem Richterstuhl … vielmehr verstehen sie die weltlichen Geschäfte und all ihr Sinnen geht auf Übung des Gewerbes" (Sirach 38,31–34).

An einer wenig bekannten Stelle lobt der jüdische Philosoph Philo von Alexandrien (20 v. Chr.–60 n. Chr.) die im Landbau Tätigen. Er unterteilt zunächst die Fachkräfte, indem er Landwirte von bloßen Landarbeitern (Ackerbauern) unterscheidet. Denn die Fachkunde des Landwirts, die *Philo-Technē*, seine Sachkunde und Fertigkeit, zeichnet ihn gegenüber dem einfachen Arbeiter aus.

Auf diejenigen, die nur um des Lohnes willen arbeiten, setzt Philo dagegen keine Hoffnungen.

Arbeit und Ruhe

Der Sonntag ist heilig

Das Sabbatgebot gehört zum Dekalog, und in der Zeit Jesu ist seine Bewahrung nicht nur Sozialgebot, sondern Ausdruck der Achtung und Verehrung Gottes selbst. Die Heiligkeit des Sabbats, die sich in der Unterlassung jeglicher Aktivität äußert, steht als „heilige Zeit" für die Observanz und den gesamten Gehorsam gegenüber Gott. So gilt etwa in der um das 1. Jahrhundert n. Chr. entstandenen jüdisch-äthiopischen Schrift der Sabbat als Königin, als Mittlerin zwischen Gott und Mensch. Und zwar in einer Rolle, die ansonsten die personifizierte Weisheit eingenommen hatte „Wer mich liebt, der liebt Gott; die mich achten, werden von Gott gesegnet."[1]

---

1 W. Leslau: Falasha Anthology (Yale Jud Series 6), 1951, darin S. 3–39 „Teézaza Sanbat" The Commandments oft he Sabbath. – Vgl. S. 17: „When the Sab-

Das Thema gehört nur sekundär zur biblischen Weisheit, denn in den Weisheitsschriften wird vom Sabbat nichts gesagt. Doch in jüdisch-hellenistischer Interpretation zur Zeit des Neuen Testaments ändert sich dies. Der jüdisch-hellenistische Philosoph Philo von Alexandrien[2] schreibt über den Sabbat:

„An ihm ist die Enthaltung von jeglicher Arbeit vorgeschrieben, nicht etwa, weil das Gesetz zum Leichtsinn erziehen will; denn fortgesetzt sucht es an das Ertragen von Mühsal zu gewöhnen und zu schwerer Arbeit zu erziehen und verwirft Arbeitsscheu und Neigung zu Müßiggang – heißt es doch ausdrücklich: ‚Sechs Tage sollst du arbeiten' –, sondern um den Druck der beständigen, ununterbrochenen Arbeit zu lindern und den Körper durch Gewährung einer gemessenen Erholungszeit zur Arbeitsleistung neu zu stärken. Denn durch die Erholung sammeln Menschen neue Kraft und gehen dann mit gesteigertem Leistungsvermögen, unverzüglich und voller Widerstandskraft an ihre Aufgaben. Während es nun aber körperliche Arbeit am siebenten Tage verbot, gestattete es die edleren Beschäftigungen, die in tugendhaften Reden und Belehrungen bestehen. Es ermahnte sie, sich an ihm mit Philosophie zu befassen. Zur Veredelung der Seele und des in uns wohnenden Geistes stehen nämlich an den Sabbaten in allen Städten zahllose Lehrhäuser der Einsicht, der Besonnenheit, der Tapferkeit, der Gerechtigkeit und der anderen Tugenden offen; darin sitzen die einen in Ordnung und Ruhe gespitzten Ohres, mit gespannter Aufmerksamkeit, weil sie nach dem erquickenden Worte dürsten; einer der erfahrenen Männer aber erhebt sich und erteilt ihnen Belehrung über die guten und nützlichen Dinge, durch die das ganze Leben veredelt werden kann …"

---

bath rises from the right hand of God, Friday at dawn, the angels rise immediately with the Sabbath and crown her"; S. 21: „Sabbath said to God: … I was with Thee when Thou didst create the Heaven and didst establish the earth upon the rocks with Thy wisdom."

2 Philo v.A.,Über die Einzelgesetze II, 60f

Für den Juden Philo ist das Gleichgewicht zwischen körperlicher Arbeit und Kultivierung des Ethos eine schlichte Frage des Menschenbildes. Die „Lehrhäuser" sind die jüdischen Synagogen, die flächendeckend die Vermittlung und Umsetzung der jüdischen „Philosophie" und „Tugendlehre" übernahmen.

So gilt das Lob des Sabbats auch der sinnvollen Erfüllung der Freizeit. Die Heiligkeit des Sonntags ist aus sozialen und religiös-kultischen Gründen ein zentrales Thema biblischer Religion, besonders in der Umgebung Jesu.

Arbeit und Lohn

Einerseits fehlen Facharbeiter, andererseits ist unqualifizierte Arbeit für die Menschen reine, sinnlose Mühe, Freude an der Arbeit ist da unbekannt. Andere sprechen vom Grundrecht des Menschen auf Arbeit. Der Sonntag ist als Tag der generellen Arbeitsruhe immer mehr in Gefahr. Andererseits ist eine normale Fünftagewoche für die meisten Beschäftigten zur Ausnahme geworden (SZ vom 8.5.2007, S. 24).

Und das Thema „gerechter Lohn" ist ein Dauerthema, besonders hinsichtlich der unterschiedlichen Bezahlung von Mann und Frau.

Mindestlohn: Das Gleichnis von den Arbeitern im Weinberg
Im Gleichnis Matthäus 20,1–16 (Arbeiter im Weinberg) handelt der Herr des Weinbergs ungerecht und gerecht zugleich. Er handelt ungerecht, indem er für unterschiedlich lange Arbeit gleichen Lohn zahlt. Das würde heute sogleich die Gewerkschaften auf den Plan rufen. Denn die Arbeiter, die den ganzen Tag über geschuftet haben, bekommen den gleichen Lohn wie diejenigen, die nur eine Stunde gearbeitet haben. Andererseits ist der Herr gerecht. Denn bezahlte er denen, die nur eine Stunde gearbeitet haben, ihren Lohn anteils-

mäßig, so könnten diese nicht davon leben. Man weiß aus Inschriften der Kaiserzeit, dass die Arbeiter einen Denar pro Tag benötigten, um das Existenzminimum zu haben. Die entsprechende Formel heißt: *panem pro denario* „Brot im Werte von einem Denar pro Tag". Der gezahlte Mindestlohn ist gerecht, weil er zum Leben reicht. Er ist ungerecht, weil dadurch die Mehrarbeit der seit morgens Tätigen nicht gewürdigt wird.

Aber die Pointe des Gleichnisses liegt auf einer noch tieferen Ebene: Der Leiter des Betriebes hatte ja mit den seit dem Morgen Beschäftigten eine feste Summe vereinbart und diese Summe auch gezahlt. Seine Ungerechtigkeit besteht nur abstrakt, denn er hat sich ja an die Abmachung gehalten. Das Problem liegt jetzt auf der Seite der Neider. Sie hätten gerne dem Herrn verboten, gerecht zu sein, ihr Auge ist „böse, weil der Herr gut (gütig) ist". So bleibt ihr Fleiß zwar erhalten, aber durch ihren Neid ist ihr Ansehen zerstört. So sind sie aus Ersten (durch Fleiß bewährten Mitarbeitern) zu Letzten geworden, die durch Neid den sozialen Frieden stören.

Das Gleichnis lädt dazu ein, den Vorgang aus der Perspektive des Herrn und Besitzers zu sehen. Er blickt nicht auf das Mehr oder Weniger an erbrachter Arbeit, das sonst durchaus Maßstab des Lohnes ist. Nein, er sorgt für das elementare Überleben und fragt nicht nach den Ursachen, weshalb einige nicht dazu gekommen sind, den Tag über zu arbeiten (und das könnten theoretisch die unterschiedlichsten sein).

Der Herr hat, so kann man sagen, die Pflicht geleistet, aber die Kür abgelehnt. Für den sozialen Frieden ist das nicht förderlich. Aber das Gleichnis lehrt eindeutig: Es entspricht der Gerechtigkeit vor Gott, dass jeder von dem Lohn wirklich auch leben kann, und nicht nur auf den absehbaren baldigen Zustand der Arbeitsunfähigkeit hin. – Nun kann man an dieses Gleichnis mehrere Fragen stellen:

Geht es wirklich darum, einen gleichen Mindestlohn für alle einzuführen? – Antwort: Nein, das Ziel ist die Abwehr des Sozialneides der Langgedienten. Sie werden aus ihrer Sicht nicht ausreichend gewürdigt.

Welche Rolle spielt der Mindestlohn dabei? Dass es ihn gibt, gehört zu den Voraussetzungen der Dramatik des Gleichnisses. Der Mindestlohn ist dabei aber Merkmal von Gottes Handeln – und das ist in der damaligen Zeit nicht selbstverständlich. Das Gleichnis hat demnach nicht nur eine Pointe, sondern auch eine nicht unwichtige Nebenpointe, die heute stärker hervortreten könnte, als es zur Zeit der Formulierung gegeben war.

Ist nicht das, was der Mensch mindestens zum Leben braucht, regional verschieden? Antwort: Das mag sein, aber es gibt einen objektiven Maßstab: Die Erhaltung der Lebenskraft so, wie sie ist.

Die Mehrheit der Interpreten sieht in dem Gleichnis von den Arbeitern im Weinberg eine Illustration der Gnadenlehre im Sinne des Leistungsverzichts. Gott orientiere sich nicht an der Leistung, an den Werken des Menschen, sondern rein aus Gnade schenke er alles zum Leben. Diese Auslegung ist schon deshalb falsch, weil sie unbedacht „paulinische" Rechtfertigungslehre in das erste Evangelium einbringt. Außerdem haben alle Arbeiter, die entlohnt werden, auch gearbeitet. Der Besitzer des Weinbergs hat sein Geld nicht ohne Gegenleistung bezahlt.

Auch dieses Gleichnis haben die Interpreten unterschiedlich gedeutet. Und es fiel leicht, Vers 16 („So werden die Letzten Erste und die Ersten Letzte sein") zu streichen. Dieser Vers gibt in Form einer Sentenz eine Auswertung des Gleichnisses, mit der man jedoch große Schwierigkeiten hatte. Denn wenn Erste Letzte sind, ist dann nicht eine Rangfolge wieder hergestellt, die der gleiche Lohn gerade beseitigen sollte? In eigener Übersetzung haben wir haben deshalb die Verse 15b -16 so wiedergegeben: „Oder bist du böse, weil ich gut bin? Sei auf der Hut! Denn auf diese Weise können leicht aus den Letzten

Erste werden und umgekehrt. Ob einer meine Güte ertragen kann, danach richtet sich in Zukunft, wer Erster und wer Letzter ist. Denn der Lohn ist für alle gleich.“[1]

Die Pointe des Gleichnisses liegt in der Frage, worin – seitdem Jesus vom Reich Gottes predigt – Unterschiede zu heute bestehen und worin nicht mehr. Sie bestehen nicht in einer unterschiedlichen Belohnung. Alle werden in gleicher Weise Gott schauen und leuchten wie die Sonne (Matthäus 13,43). Das ist die Außenperspektive: Alle sind heilig und herrlich. Aber die Herrschaft Gottes hat auch eine Binnenperspektive. Und diese hängt nicht davon ab, was Gott gibt, sondern von der Reaktion der Menschen. Und hier erlebt man erstaunliche und unerfreuliche Dinge. Es gibt nämlich Jünger, die schon länger dabei sind und „altgedient“. Sie gleichen „Platzhirschen“. Sie wollen nicht, dass die später Hinzugekommenen gleiche Rechte und gleichen Rang haben. Ihnen wird damit die geforderte Gleichheit innerhalb des Bereichs der Herrschaft Gottes zum Problem. Sie stolpern über etwas, das ihnen eigentlich zur Ehre gereicht, nämlich darüber, dass sie schon lange „dabei sind“. Es fällt ihnen offenbar sehr schwer, die Gleichstellung mit den erst kürzlich Aufgenommenen zu ertragen. Auch bei Lukas finden wir ein Gleichnis zu diesem Thema, nämlich das von den beiden ungleichen Söhnen. Auch nach Lukas 15,11–32 beruft sich der ältere Bruder darauf, dass er immer treu beim Vater gelebt und gearbeitet habe.

Es geht um ein Problem, das sowohl innerhalb des Jüngerkreises als auch in der frühen Gemeinde sowie zur Zeit der Abfassung der Evangelien relevant war. Denn das Christentum ist eine Bekehrungsreligion, und daher lebt es von den neu Hinzugekommenen.

Auch in der Gegenwart wird ein beträchtlicher Anteil christ-

---

1 Vgl. Klaus Berger, Christiane Nord, Das Neue Testament und frühchristliche Schriften, Frankfurt/Main 2000, 617.

licher Energien in innerkirchlichen Reibungsverlusten verschwendet. Gefahren von Spaltungen sind allgegenwärtig. Generell sind sie, das zeigen die drei zitierten Gleichnisse, nicht durch Friedensappelle moralisch zu lösen, sondern durch die Wiedergewinnung einer religiösen Tiefendimension im Blick auf Gott und sein Handeln. Aus der Sicht des Neuen Testaments liegt hier die Lösung aller Fragen der kirchlichen Einheit. Sie ist nur durch eine tiefgreifende religiöse Erneuerung zu gewinnen, die diesen Namen verdient hat. In der Geschichte der Kirche haben immer wieder Orden in der Nachfolge Jesu die Impulse zur Erneuerung gegeben. Die Kirchengeschichte der jüngsten Vergangenheit zeigt freilich: Es genügt nicht, einfach sozial engagiert zu sein. Das mag auch außerhalb des Christentums gelingen. Dauer und Bestand wird nur haben, was religiös erheblich ist und neue oder sehr alte Bereiche der Spiritualität neu erschließt. Daher können sich die kontemplativen Orden halten, die karitativen sind dagegen gefährdet. Wenn Jesus in den hier genannten Gleichnissen den Blick auf Gottes Handeln lenkt, gibt er damit den entscheidenden Hinweis. Zur Erneuerung der Kirche sind der Blick auf die Heilsgeschichte und der daraus folgernde Lobpreis Gottes unabdingbar. Die bloße Begeisterung für Humanität im Allgemeinen dürfte im Neuen Testament nicht zu finden sein. Mit diesen Bemerkungen wende ich mich gegen einen bloßen sozialethischen „Verbrauch“ dieses Gleichnisses.

„… damit man von seiner Arbeit auch leben kann“

Auf die sozialethische Implikation dieser Erzählung will ich eingehen. Wenn der Besitzer des Weinbergs jedem einen Denar gibt, so ist dies nach zeitgenössischer Auffassung genau die Summe, die ein Mensch als Minimum zum Lebensunterhalt braucht. Die Wendung „einen Denar für das (tägliche) Brot“ ist inschriftlich für einen derartigen Kontext überliefert. Der Herr des Weinbergs sorgt für alle so, dass sie auskommen können. Diese Bildebene bedeutet auf der theologischen

Sachebene: Gott wird allen gleichen Lohn geben. Dadurch wird aus dem Gleichnis noch kein Lehrstück christlicher Soziallehre. Denn grundsätzlich ist zwischen Gleichnissen und Beispielerzählungen zu unterscheiden. Beim barmherzigen Samariter liegt Letzteres vor. Daher heißt es dort „Tu desgleichen". Hier dagegen liegt das Geforderte auf einer anderen Ebene als das Erzählte. Nicht der Denar, sondern die Aufhebung der Unterschiede ist gemeint.

Gerechten Lohn nicht vorenthalten

Für Jesus ist die Zahlung des gerechten Lohns so wichtig, dass er das Gebot: „Du sollst den verdienten Lohn nicht vorenthalten" an der Stelle des 9. Gebots in den Dekalog einfügt. Das ist in der Tradition ohne Vorbild. Den Verbotsstil finden wir ab dem 5. Gebot. Es wird darin deutlich, welche Aktualität dieses Gebot zur Zeit Jesu hatte.

Die Vorgeschichte des kurzen Satzes in Markus 10,19 „Enthalte den Lohn nicht vor" zeigt, dass den Tagelöhner zu bedrängen und ihm den Lohn vorzuenthalten im Griechischen zu einem Delikt zusammenschmelzen: Ihn um seinen Lohn bringen. Berauben und den Lohn vorenthalten sind identisch. Auch in Levitikus 19,13f erscheint der Tagelöhner („Sein Lohn soll nicht schlafen bei dir bis zum nächsten Morgen") in einer Reihe Niedriggestellter (Taube, Blinde). Hiob macht deutlich, er habe nicht den Lohn des Tagelöhners bei sich zuhause zurückgehalten (Test Hiob 12,4); Proverbien 34,26: „Den Nächsten mordet, wer ihm den Unterhalt nimmt". Nach Tobith 4,14 wird gemahnt, den Lohn des Tagelöhners sofort auszubezahlen. Ähnlich ist es in Pseudo-Phokylides 19: „Dem, der schuftet, gib Lohn." Etwas später findet sich das Wort in einer dekalogähnlichen Reihe im Hermas, mand. 8,5 (Diebstahl, Lüge, Lohn vorenthalten, Falschzeugnis, Habgier, böse Begierde, Betrug).

Der kurze Satz „beraube nicht" in Markus 10,19 heißt daher: „Enthalte (dem Tagelöhner) dem Lohn nicht vor." Dies galt als gravierendes Sozialdelikt im Sinne der Gebote aus der Reihe des Dekalogs.

Praktische Konsequenzen: Ein „guter“, „gütiger“ Arbeitgeber zahlt einen Mindestlohn an alle, mit dem zumindest niemand verhungern muss. Dass der Lohn rechtzeitig ausbezahlt wird, hat zudem die Würde eines Dekaloggebots. Und dass ein Lohn gezahlt wird, der mindestens zum Überleben reicht, ist die schlichte Voraussetzung jeder Ethik. So auch in der gegenwärtigen Debatte um den Mindestlohn.

Dass Arbeit zur Auszeichnung des Menschen gehört, rückt sie in die Nähe eines Grundrechts.

Arbeit gehört zum Menschsein

Mühsal geht der Herrlichkeit voraus

Das griechische Wort für „Arbeit“ ist dasselbe wie für „Mühsal“ (mit der Konnotation „Leiden“). Weithin ist der Grundsatz verbreitet, dass alle Menschen sich abmühen und Lästiges ertragen müssen, bevor sie zu Glanz, Herrlichkeit oder Frieden gelangen – eine Art „Weltgesetz“, nicht speziell Gottes Wille. Wer überhaupt etwas erreichen will, muss dafür Mühen auf sich nehmen. Arbeit ist somit ein generelles Merkmal menschlicher Existenz.

Und die Rede vom Endgericht, vom abschließenden Urteil Gottes über den Menschen, meint: Gott selbst steht für gerechten Lohn. Wenn nun alles darauf ankommt, ihm ähnlich zu werden, dann bedeutet das auch eine Verpflichtung zum gerechten Lohn ohne Ansehen der Person. Dabei heißt „gerecht“ nicht willkürlich, sondern nach Maß. Jeder, der Lohn auszahlt, soll wissen, dass auch ihm einst so geschehen wird, wie er handelt – das ist keine Drohung, sondern als Talio ein Grundsatz biblischer Weisheit („Das Maß, mit dem ihr messt, wird auf euch angewandt werden“).

Anvertrautes Gut

Bei den Rabbinen ist das getreue Bewahren des anvertrauten Gutes immer wieder wichtig. Nach Levitikus 5,21–23 gilt es (zum Beispiel für den Bankier), das vom Nächsten anvertraute (in die Hand gelegtes) Gut nach Treu und Glauben zu bewahren. Von solchem Anvertrauen ist selbst bei der Auferstehung der Toten die Rede: Wenn ein Mensch stirbt, wird sein Leichnam der Erde anvertraut. Im Gericht darf Gott sein Gut unbeschädigt zurückfordern. – Das Bild des anvertrauten Gutes kann zum Bild für das gesamte Verhalten des Menschen in der Welt werden: Die Schöpfung ist dem Menschen anvertrautes Gut. Nach Genesis 1,28 ist der Mensch Gärtner und Hegemeister der Schöpfung, die ihm für eine Zwischenzeit anvertraut ist. Immer wieder ist auch in den Gleichnissen Jesu von dieser Zwischenzeit die Rede. Anvertraut ist dem Arbeitgeber auch die Arbeit seiner Mitarbeiter; sie gehört ihm nicht. Er muss sie samt Früchten zurückgeben. Arbeit ist anvertrautes Gut. Und ähnlich ist es mit Eltern und Kindern.

Drei Phasen sind bei allem zu unterscheiden: Das Anvertrauen der Arbeit, die Treueverpflichtung für die Zwischenzeit, in der die Arbeit auch „verwandelt" werden muss, und der Zeitpunkt der „Rückgabe". In der Praxis: Die Höhe der Lohnzahlung kann und darf nicht abhängig sein vom Gutdünken des Arbeitgebers. Sie findet nach allem, was wir in diesem Abschnitt erörtert haben, einen doppelten Maßstab: Der Arbeitende muss von dem leben können, was er empfängt, und der Arbeitgeber darf das verdiente Geld nicht als sein Eigentum betrachten, sondern muss es dazu einsetzen, dass der gesamte „Betrieb" am Leben bleibt – oft eine Gratwanderung zwischen zwei Notwendigkeiten. Die Einsicht, dass es sich nur um anvertrautes Gut handelt, ist ein zusätzliches Argument gegen Missbrauch.

5 Soziales

Einer trage des anderen Last

Aktuelle Situation: Ent-Solidarisierung. In zunehmendem Maße fehlt der Gesellschaft eine Mitte. Der zahlenmäßig sehr kleinen Elite bekannter Politiker steht eine riesige Anzahl anonymer und isolierter Einzelner gegenüber. Die Vereinzelung wird dadurch verstärkt, dass an der Basis eine große Zahl von Singles nebeneinander und untereinander oft als Fremde leben, die nicht in die größere Gemeinschaft einbezogen sind. Es fehlt die Gruppe der Kinder, die in der Vergangenheit sonst stets vermittelt hatte. Kurz: Der Funktionselite des Landes steht die zerbröselte Masse isolierter Individuen gegenüber. Eine strukturierte Mitte ist nicht gegeben. Dieses Phänomen wirkt sich auf allen Ebenen des gesellschaftlichen Lebens aus. Das ist keine tragfähige Situation. Was könnte helfen? – Als Gegenentwurf halte ich eine qualifizierte „größere Nachbarschaft" für ein zukunftsfähiges Modell. Nicht nur im Sinne des sichtbaren Ensembles von Nachbarhäusern, sondern als größere, über mehrere Straßenzüge sich erstreckende mittlere Einheit, deutlich unterhalb der Ausmaße eines Stadtviertels und mithin eine Größe, die noch überschaubar ist.

Die Anregung zu diesem Vorschlag entnehme ich der langen Auslegungsgeschichte eines nachbarschaftlichen Grundsatzes aus dem Galaterbrief 6,2: „Einer trage des anderen Last."

Impulse aus der Weisheitstradition: Paulus spricht von diesem Grundsatz im ermahnenden Teil des Briefes an die Galater (um 59 n. Chr.). Im unmittelbaren Kontext geht es ihm um eine Auslegung des Gebots der Nächstenliebe (aus Levitikus 19,18). Wie zur neutestamentlichen Zeit üblich, bezieht Paulus dieses Gebot auf die Zurechtweisung des Nächsten. Das Liebesgebot wird daher nicht im Sinne allgemeiner Humanität verstanden, sondern im Sinne des Umgangs mit den Fehlern des Mitmenschen. Diese Beschränkung der Nächstenliebe hat den unbestreitbaren Vorteil, dass sie nicht als allgemeines Gerede von Menschenliebe abgetan werden kann, sondern sich um konkrete, jeden Tag nachweisbare Defizite kümmert. Nicht Rache, sondern geschwisterliche Zurechtweisung ist die Maxime der Auslegung.

Da die Regel „Einer trage des anderen Last" aber auf Gegenseitigkeit ausgerichtet ist, könnte sie den Zerfall von bestehenden Gemeinschaften verhindern. Sehr kräftig hebt Martin Luther in seiner Auslegung des Galaterbriefes von 1516/17 zu dieser Stelle hervor: „Das Gesetz Christi bedeutet den Nächsten zu lieben. ‚Lieben' aber heißt, sein Gutes zu wollen oder zu suchen und auch das Böse des anderen zu tragen. Im Gegensatz zu dieser edlen Lehre aber wollen die meisten nur, dass ihre Lasten getragen werden, sie selbst aber wollen niemanden tragen, sondern alles schön bequem haben, so als wollten sie nur mit Engeln und nicht mit Menschen Umgang pflegen. Das heißt, sie wollen nur gelehrte, sanfte, treue oder nützliche Mitmenschen in ihrem Leben haben. Denn das wäre alles bequem. Aber das würde nicht bedeuten, das Kreuz und Lasten zu tragen, sondern in König Salomons Kutsche reisen und nicht auf Erden, sondern im Paradies leben. Ungelehrte Menschen aber, zornige, ungetreue, schwierige Menschen wollen sie nicht um sich haben …"[1] Luther hebt hervor, dass es hier um die weniger angenehme Seite jeder Gemeinschaft geht.

Nun ist freilich der Übergang von moralischer Unvollkommenheit zu wirtschaftlicher Not längst fließend geworden. Es

1 Von Schubert, Hans: Luthers Vorlesung über den Galaterbrief 1516/17 (AHAW Ph-h Kl. 5), Heidelberg 1918, 67f (deutsch vom Autor, K.B).

gilt das Prinzip, dass sich beide gegenseitig hochschaukeln. Und überdies haben schon die Alte Kirche und die älteren Interpreten den Satz auf alle nur möglichen Lasten und Schwierigkeiten ausgedehnt.

Am eindrücklichsten ist in dieser Hinsicht der Diognetbrief 10,4–7, eine christliche Moralschrift aus dem 2. Jahrhundert nach Christus: „Und wenn du Gott liebst, dann kannst du auch seine Freundlichkeit weitergeben. Und dann kann wirklich ein Mensch Gott nachahmen, denn Gott will es. Denn wir sind nicht mehr glücklich, wenn wir den Nächsten unterjochen, wenn wir mehr besitzen möchten als die anderen, wenn wir reich sind oder wenn wir die, die ärmer sind, in unsere Gewalt bekommen. Das ist nicht Nachahmung Gottes, denn das alles liegt göttlicher Würde völlig fern. Sondern nur wer seinem Nächsten die Last abnimmt, nur wer mit dem, worin er stärker ist, dem Schwächeren helfen will, nur wer das, was er von Gott empfängt, den Bedürftigen zukommen lässt, der wird zum Gott für alle, die empfangen, denn er handelt wie Gott. Dann kannst du, obwohl du noch auf der Erde bist, begreifen, dass es einen Gott gibt, der im Himmel regiert. Dann wirst du anfangen, von Gottes wunderbaren Geheimnissen zu reden …“.

Es geht nach Diognetbrief 10,6 also ausdrücklich darum, dem Nächsten die Last abzunehmen, und dies geschieht durch sozialen Ausgleich.

Eine sozial ausgerichtete Auslegung finden wir auch im Galaterbrief des Nikolaus von Dinkelsbühl von 1425/26: „Helft euch gegenseitig mit Gebeten, Gaben und anderen Wohltaten, indem ihr untereinander die Schwachheiten, die Mühen, die Schwächen und anderes dieser Art tragt, als wenn es eure Last sei. Zum Beispiel: Du hast Reichtümer in Fülle, trage den armen Bruder! Du bist bei einem Gewaltigen angesehen, richte den zu Unrecht Unterdrückten durch deine Vermittlung wieder auf. Habe Nachsicht mit dem, der dich zu Unrecht verletzt hat. So begreift und tut das mit den Schwächen anderer und mit den Mängeln des Nächsten ...".[1]

Der Hl. Bonaventura legt die Geschichte von Maria und Martha in Lukas 10 so aus, dass Martha wegen der Schwere der Last die Hilfe Mariens erbeten habe. Denn sie „habe gewusst, dass es zum Gesetz Christi gehört, dass einer des anderen Last trage". Daher habe sie Jesu Urteil hören wollen, um die Hilfe der Schwester durchsetzen zu können (Lukas-Kommentar zu Lukas 10). An anderer Stelle sagt er, es gehe dabei um körperliche Not, um geduldiges Helfen, um freundschaftliches Trösten, um demütiges Dienen.

Die spätere Auslegung spricht ganz ähnlich von den Schwächen des Menschen überhaupt, die es in Gegenseitigkeit zu ertragen gelte. So sagt Thomas von Aquin zu Galater 6,2, man müsse körperliche wie geistliche Not miteinander tragen, indem man der gegenseitigen Not zu Hilfe kommt. Realistisch sind diejenigen Auslegungen, die durch diese Gegenseitigkeit ein Flechtwerk entstehen sehen: Denn der eine Mensch hat diese Schwächen, aber andere Stärken, mit denen er den anderen tragen kann.

Ursprung in der Freundschaftsethik

Wie so vieles andere, das aus der Bibel für das Thema Politik noch heute aktuell ist, hat auch der Satz „Einer trage des anderen Last" seinen Ursprung ganz eindeutig in der griechischen Freundschaftsethik. Der Satz „Einer trage des anderen Last" ist eine Abwandlung des bekannten Grundsatzes „Alles ist den Freunden gemeinsam". Denn so kann man diesen Satz auch formulieren: „Alle Lasten sind den Freunden gemeinsam" (Menander 534) oder: „Nimm das Unglück deiner Freunde als

---

1 R. Damerau (Hg.): Der Galaterbriefkommentar des Nikolaus von Dinkelsbühl (Studien zu den Grundlagen der Reformation, Bd.8), 185f

dein eigenes an!" (Menander, 370) Der Ausdruck „Last" fällt in diesem Sinne auch im Dialog zwischen Sokrates und Aristarch: „Man muss seine Lasten mit seinen Freunden teilen. Denn vielleicht können wir etwas tun, um dir deine Last zu erleichtern." Und Aristoteles sagt in der Nikomachischen Ethik: „Kummer wird erleichtert, wenn Freunde den Schmerz teilen."

Die Ausweitung der Freundschaft auf die Politik deutet Thomas von Aquin in seinem Kommentar zu Galater 6,2 an: Ein Bruder, dem ein anderer hilft, ist wie eine befestigte Zitadelle – nicht zufällig ein Zitat aus den Proverbien (18,19).

Die älteren Kommentare bieten Anregungen: Man entdeckt die Entsprechung zur Goldenen Regel: Wir erbarmen uns der anderen, wie auch wir Erbarmen finden wollen. Schon nach Johannes Chrysostomus geht es in Galater 6,2 darum, die Schwächen der Nächsten zu tragen, um dann auch selbst getragen zu werden. Andere mahnen aufgrund der Stelle, gegen den Erzürnten nicht zu zürnen, weil umgekehrt dann auch dieser einen durch Sanftheit und Ruhe unterstützt. – Andere beziehen das in der Ethik von Johann Baptist Metz im 20. Jahrhundert aktuell gewordene Stichwort der *compassio* (Mit-Leiden) gerade auf unsere Stelle.

Welche Ethik?

Johannes Chrysostomus zitiert Galater 6,2 mit der Bemerkung: Dass einer des anderen Last trage, entspreche dem, dass in den Gebäuden die Steine und im menschlichen Körper die Glieder sich gegenseitig halten und erhalten.

Die Brisanz dieses Ansatzes besteht darin, dass weder ausschließlich die Tugenden eines Einzelnen angesprochen werden noch ein bloßes Zweier-Verhältnis. Vielmehr kann durch die ungleichmäßige Verteilung von Stärken und Schwächen eine Art Netzwerk entstehen, in dem das Offenkundigste zum Ausgangspunkt gemacht wird, nämlich die Schwächen der Einzelnen. Mit diesen Schwächen aber bleiben sie nicht allein, diese Schwächen finden vielmehr gewissermaßen Patrone in den „gegenüberliegenden" Stärken der anderen.

Dass es nicht nur um Armut geht, noch nicht einmal vorrangig um Wirtschaftliches, sondern durchaus um Moral, ist als Vorteil anzusehen. Schon Basilius d. Gr. ist in seiner Auslegung so weitsichtig, dass er nicht vom Heilen der Schwächen der Menschen spricht, sondern vom Tragen. Und „Lasten" sind schließlich alles, woran die Menschen „laborieren".

Dass es sich dabei um den wechselseitigen Ausgleich von Stärken und Schwächen handelt, legt Paulus durch eine andere, verwandte Stelle dar. Nach Römerbrief 15,1 gilt: „Wir, deren Glauben schon gefestigt ist, sollten die Empfindlichkeiten aller derer mittragen, deren Glaube unserer Ansicht nach nicht auf der Höhe der Zeit ist, und nicht nur das tun, was wir selbst gerne hätten. Jeder von uns sollte dem Nächsten einen Gefallen tun, wenn er so Halt gewinnen kann in Gottes Bauwerk." Die „Empfindlichkeiten" sind die „Schwächen". Entgegen der Meinung vor allem der Reformatoren geht es in Galater 6,2 jedenfalls nicht um „Sünden" allein.

Praktische Konsequenzen: „Einer trage des anderen Last" besitzt eine aktuelle politische Relevanz nicht nur in der Gegenseitigkeitsregel der Krankenkassen. Aber stimmt sie dort wirklich? Oder sind es nicht stets die Gesünderen, die die Kränkeren finanzieren, bloß dass von vornherein nicht genau feststeht, wer gesund oder wer kränker wird?

Vorstellbar ist allerdings, dass Anonymität und Isolierung an der Basis unserer Gesellschaft durch eine erweiterte Art von Nachbarschafts-Hilfe überwunden werden können. Früher leistete dies die Großfamilie. Heute gibt es viele Alte und Junge, die auf manchen Gebieten sehr begabt und rüstig sind. Und die um die Nöte in der Nachbarschaft gar nicht wissen, in denen sie helfen könnten. Ich denke an halbamtliche Halbtagsstellen, die Wünsche, Bedürfnisse und Angebote eines Straßenviertels auflisten, abgleichen und vermitteln.

Politik aus Nächstenliebe und Barmherzigkeit?
Wer vom Christentum nur wenig Ahnung hat, könnte der Meinung sein, dass es aus christlicher Sicht darauf ankomme, mit Barmherzigkeit und grenzenloser Nachsicht (Matthäus 18,23) Politik zu betreiben. Man verweist gerne auf das Schlagwort „einen Staat mit der Bergpredigt regieren". Ist die christliche Ethik eher für Privatleute gedacht? Oder entwirft sie einen weltfremden Kommunismus? Oder geht es vielleicht um ein Drittes, das der Welt in ihren faktischen Möglichkeiten etwas näher steht? Das Christentum erlaubt nicht, Gewalt als Heilmittel gegen Gewalt einzusetzen und fordert vor allem Frieden. Doch weiß jeder, der mit diesem heiklen Gebiet etwas vertraut ist, dass Rigorismus zwar großartig ist, aber eine eigene Art von Schaden anrichten und zur Mutlosigkeit führen kann. Vor allem ist es auf diesem heiklen Gebiet nötig, zu unterscheiden. Daher bleiben wir zunächst beim Gebiet der Wirtschaft.

Nächstenliebe und Eigenliebe

Nächstenliebe als Modell einer Ethik?
Was man verschwommen unter Nächstenliebe versteht, ist in Wirklichkeit bereits seit längerem in ethisch-philosophische Entwürfe übergegangen.

Zu diesen Entwürfen zählen unter anderem: Agathismus (das Gute wird um seiner selbst willen getan), Altruismus (der gute Mensch tut alles dem Nächsten zugute), das Pflichtprinzip (es kann auch nötig sein, gegen die eigenen Interessen vorzugehen) und die sogenannte Goldene Regel in positiver Fassung. Kein Zweifel – ich halte diese Ethik-Entwürfe für möglich, jedoch nicht für überzeugend.

Agathismus
So nenne ich eine Position, nach der das Gute um seiner selbst willen getan wird. Denn wenn das Gute das höchste Gut ist, dann wird dieses Gute um keines anderen, höheren Zweckes willen getan.

Den Namen erhält diese Position von dem griechischen Wort *agathon*, „das Gute". Die pure Mitmenschlichkeit ist dabei der Grund für freundliches Handeln. Die Ethik der Verantwortlichkeit von Hans Jonas („Prinzip Verantwortung") steht dieser Position nahe. Auf dem humanistischen Gymnasium sind wir in dieser Richtung erzogen worden. Wer gut handelte, durfte dieses um des Himmels willen um keines anderen Gutes willen tun. Es galt schon als verdächtig, wenn man das Gute tat, um dabei befriedigt oder fröhlich zu sein.

Die Kritik an diesem Ansatz liegt nahe: Wer sich von dieser Maxime leiten lässt, beugt sich einem Prinzip, welches lautet „das Gute ist das Höchste". Ich habe nie verstanden, warum man sich diesem Prinzip beugen sollte. Denn auch wenn es „Humanität" heißt, dann beugt man sich nicht vor einem konkreten Menschen, sondern vor dem Prinzip Humanität.

Mir scheint es sich hier um eine dem Sozialismus verwandte Form von Prinzipienethik zu handeln, die wie dieser ebenso weltfremd wie menschenfeindlich ist. Denn es werden gerade die Impulse, die den Einzelnen zum Handeln bewegen können, unterdrückt oder als egoistisch bezeichnet: Hoffnung für das Ganze, Sehnsucht nach erfolgreichem Handeln oder Eingreifen, Anerkennung und Befriedigung angesichts der konkreten Tat.

Pflichtprinzip
Hier wird die abstrakte Forderung des Sollens gegen alle subjektiven oder vitalen Interessen des Menschen ausgespielt. Besonders für den Konfliktfall ist das Pflichtprinzip umstritten. Ein konkretes Beispiel: Ein Beamter hält Vorlesung auch bei Karneval, wenn, wie am Faschingsdienstag in Heidelberg,

die Stadt randvoll ist von buntem Treiben und der Zugang zur Universität kaum gesichert ist. Dabei besteht der Kollisionsfall darin, dass nur ein Bruchteil der sonst anwesenden Studierenden präsent sein wird (will, kann), insbesondere alle Studierenden mit etwas älteren Kindern nicht. Und öfter besteht die Gefahr, dass man sich „hinter" die Pflicht und ihre Forderung „zurückzieht", um dem Leben, seinen Herausforderungen und Risiken und der Beweglichkeit, die es fordert, auszuweichen.

Im Agathismus und in der Pflichtethik soll eine Gleichbehandlung aller Menschen (inklusive Chancengleichheit) hergestellt werden. Dieses geschieht auf verschiedene Weise. Nach dem Agathismus stehen alle Menschen vor derselben einen Forderung und im Pflichtprinzip sind alle gleich angesichts der abstrakten Forderung, die für alle gilt. Insofern ist eine formale Ethik sehr wohl mit „sozialistischen" Prinzipien vereinbar.

Altruismus

Das Wort kommt vom lateinischen *alter*, „der andere", und bedeutet: nichts für sich selbst zu wollen, sondern alles um des anderen willen zu tun. Oft wird ein so verstandener Altruismus mit dem Christentum verwechselt. Denn man versteht darunter einen revolutionär umgekehrten Egoismus. Der Egoismus besteht aus Raffgier zugunsten des Ego, der Altruismus in purer, verschwenderischer Weggabe bis zur Hingabe seiner selbst.

Kennzeichnend ist dabei, dass die Dimension der Zeit entfällt. Es geht dabei noch nicht einmal um eine Veränderung der Welt, und es gibt auch keine andere Hoffnung, die zum Handeln antreibt.

Die Kritik, die gegen den Altruismus vorzubringen ist, lautet: Der Altruismus ist seiner gesamten Tendenz nach eine Ausbeutung des Täters. Für diesen bleibt nichts als ein fast buddhistisch zu nennendes Verlöschen. Es gibt keine

Hoffnung auf Gemeinsames. Der Täter darf für sein eigenes Tun weder auf Anerkennung noch auf ausgleichende Gerechtigkeit hoffen. Deshalb muss ich Altruismus ungerecht nennen, denn ihm fehlt ein wichtiges Element sozialen Denkens, der Ausgleich für alle. Dieser müsste auch zugunsten des Täters den gerechten Ausgleich für seine Vorleistung vorsehen.

Wirklichkeitsfremd ist auch, dass nach niemandes Interessen gefragt wird, auch nicht nach denen des Empfängers der Wohltat. Altruismus geht daher auf Kosten jedes sozialen Netzwerkes.

Das Tun etwa der Diakonisse, die sich ein Leben lang um andere sorgt, sieht man im neuzeitlichen Protestantismus in der Regel als löblichen Inbegriff von Altruismus an. Bezeichnend ist allerdings, dass niemand mehr Diakonisse werden will. Und im Übrigen haben Diakonissen nicht einfachhin altruistisch gehandelt, sondern auch in der Hoffnung auf Auferstehung und Himmelreich. Das war gewiss kein kalkulierendes, aufrechnendes Lohndenken, kein Handel, aber doch ein Handeln im Schema von Saat und Ernte.

Die gnadenlose Ausrottung des Egoismus „mit Stumpf und Stil“ bleibt daher eine Theorie. Sie scheitert nicht daran, dass der Mensch asozial, einfach böse oder sehr wirklich Sünder ist. Die Ausrottung des Egoismus scheitert umgekehrt daran, dass der Mensch gerade umgekehrt ein soziales Wesen ist und positiv zu wertende soziale „Seiten“ hat, die beim reinen Altruismus aus Prinzip vernachlässigt werden. Denn das „soziale“ Gefühl für den notwendigen Ausgleich sozialer Vorleistungen dient doch dem Miteinander. Altruismus geht dauerhaft nur auf Kosten des Täters.

Daher gilt die These: Die christliche Ethik der Barmherzigkeit und Nächstenliebe ist gerade dadurch diskreditiert worden, dass sie zu einer agathistischen oder altruistischen Prinzipienethik wurde. – In der christlichen Ethik ist dagegen der moralische Rigorismus kein Selbstzweck, mit dem sich der Mensch konfrontiert sieht. Zentrum sind vielmehr das personale Gottesverständnis und das Konzept einer besonderen Gemeinschaft von Gott und Mensch. Dieses ist jedem rigoristischen Prinzip vorgeordnet.

Der Altruismus stellt den Egoismus auf den Kopf; die Frage ist, ob er allein schon deshalb eine geeignete Grundlage für eine Ethik ist.

Nächstenliebe

Das Gebot der Nächstenliebe betrifft in Levitikus 19,18, also in seiner angestammten Umgebung, den Umgang mit den Fehlern des Nächsten: Dass man nicht rachsüchtig und nicht nachtragend sein soll, sondern mit dem Nächsten sein Vergehen besprechen soll. – Dieser Grundsatz ist später, als man den Vers aus seinem Kontext herausgebrochen hat, zu einer allgemeinen Humanität ausgeweitet worden. Die typisch christliche Fassung erhielt der Satz in Barnabasbrief 19: Du sollst deinen Nächsten mehr lieben als dich selbst. – Von daher haftet der Nächstenliebe denn auch der völlige Verzicht auf sich selbst an: Man soll den Nächsten so lieben, wie man sich selbst geliebt hätte.

Kehrt man jedoch zurück zur Urfassung, so sind mit dem „wie dich selbst" schwierige Probleme des Abwägens gegeben. Die Selbstliebe soll zum Maßstab werden, wie sie das im Alten Testament so umfassend nie gewesen ist. Genau diese Schwierigkeit wird noch verschärft, wenn man jetzt auf Plakaten liest: „Liebe deine Umwelt wie dich selbst!" Das kann bedeuten: Der Mensch, jeder einzelne Mensch wird zum Umweltproblem heruntergedekliniert. Wir entsinnen uns noch zu gut der Jahre, in denen man davor warnte, Kinder zu bekommen – denn jedes Kind wurde als zusätzliches Umweltproblem wahrgenommen … Fazit: Wird das „Lieben wie sich selbst" entgegen seinem Ursprungssinn allgemein ausgeweitet und in dem „Wie …" ein Maßstab gesucht, bringt das eher Probleme und ist keine Entscheidungshilfe. Jesus hat das Gebot im Sinne der „Gerechtigkeit", der Summe der Verpflichtungen gegen die

Menschen gesehen.[1] Ihm kam es auf den Zusammenhang mit der Gottesliebe an.

Um es kühn zu formulieren: Das pure Stichwort Nächstenliebe ist zu stark belastet, und zwar durch „Bergpredigt“, Altruismus – das habe ich oben ausgeführt –, Albert Schweitzer und Vorbilder wie die Hl. Elisabeth von Thüringen. Nun sind alle Genannten große Schätze der Christenheit, von der Bergpredigt bis zur Hl. Elisabeth; allerdings geht es hier sehr stark um individuelles entsagungsvolles Handeln. Es ist daher verdienstvoll, daraufhinzuweisen, dass auch der Eigennutz und das Eigeninteresse politisch sinnvoll sein können. Darauf hat kürzlich P. Johannes Zabel OP aufmerksam gemacht. Das bedeutet keine „Absage an die Nächstenliebe“, sondern deren Platzierung dort, wo sie immer stand: im biblischen Konzept von Gerechtigkeit, und diese ist der Beitrag jedes einzelnen Mitspielers und Faktors zum Miteinander nach seinen Fähigkeiten und Gegebenheiten.

Wir haben gesehen: Das Gebot der Nächstenliebe in Levitikus 19,18 bedeutet nach dem direkten Kontext die Aufforderung, mit den Vergehen des Nächsten nicht rachsüchtig, sondern korrigierend und gesprächsbereit umzugehen. Es geht daher in diesem Gebot nicht um eine generelle moralische Verhaltensregel, die auf jedem Gebiet eins zu eins umzusetzen wäre. Das Gebot der Nächstenliebe sagt nichts über das ökonomische Verhalten. Dieses ist auch nicht daraus herzuleiten. Allenfalls setzt es eine gewisse Selbstliebe als natürliche Gegebenheit voraus.

Der ökonomische Nutzen der Eigenliebe

Im Anschluss an ein häufiger zitiertes Wort von Joseph Ratzinger könnte man formulieren: Eine Moral, die die Sachkenntnis der Wirtschaftsgesetze überspringen zu können meint, ist nicht Moral, sondern Moralismus, also das Gegen-

1 Vgl. dazu: Klaus Berger: Die Gesetzesauslegung Jesu I, 1972.

teil von Moral. Über die hicr diskutierte Sachkenntnis der Wirtschaftsgesetze sagt Johannes Zabel OP: „Und hier ist an zentraler Stelle die ‚unsichtbare Hand' des Marktes anzusprechen, die … dafür sorgt, dass aus Eigenliebe ein Nutzen für alle entsteht. Die Eigenliebe ist durchaus positiv zu würdigen". Denn genau diese sei in Levitikus 19,18 angesprochen („… wie dich selbst"). „Mit diesem Eigeninteresse gehen wir in den Markt, und die unsichtbare Hand sorgt dafür, dass im Ergebnis der Wohlstand insgesamt steigt – wenn alle die gleichen Freiheiten im Markt haben". Der Markt ist nach Adam Smith, dem Vater der ökonomischen Wissenschaft, auf diese Weise der Ort, an dem der Eigennutz in den Gesamtnutzen verwandelt (transformiert) wird. So werden Individuum und Gesellschaft in eine sinnvolle Beziehung zueinander gebracht. Basis ist die Sympathie der Menschen untereinander, die weder ökonomisch erzeugt noch erklärt werden kann. Nach Adam Smith geht es dabei freilich noch nicht um den globalisierten Markt und seine von den Waren isolierten, selbständig geworfenen Kapitalströme. Auf dem Markt von Adam Smith begegnen sich noch konkrete Menschen. Dabei wird die „abstrakte Außenkontrolle zur konkreten Innenkontrolle"[1], das heißt: Im Vorhinein, noch bevor ein konkreter Kunde nachgefragt hat, lasse ich mich durch das vorgestellte, imaginierte Kundengespräch beeinflussen und lenken. Dabei handelt es sich um die kluge Selbstzurücknahme und um die freiwillige Selbstbeschränkung der eigenen Wünsche.

Gleichzeitig wird in Anbetracht des Marktgeschehens jeder Einzelne dazu veranlasst, eigenverantwortlich zu handeln, ja sein Leben selbst im Blick auf den kommenden Handel selbst in die Hand zu nehmen. Dieses vorlaufende Sich-Einstellen auf den anderen nennt Smith „Sympathie". Vor meinem eigenen Überlebenswillen habe ich demnach

1 J. Zabel: Das stille Wirken der unsichtbaren Hand. Auch Eigenliebe kann Nutzen für alle bringen – Wirtschaft schafft Werte, in: Die Tagespost (März 2007).

mein Handeln zu rechtfertigen. Bei einer Überregulierung durch die endlosen Vorschriften des Sozialstaates wird der Einzelne dagegen eher zur Unselbständigkeit verleitet. Das betrifft auch die Notwendigkeit, Selbstdisziplin gegenüber den potenziellen Kunden zu üben.

Man kann dabei auch auf die Goldene Regel verweisen, die allerdings eine Vorleistung erfordert. So appelliert auch die Goldene Regel in ihrer positiven Fassung („Alles, was ihr von anderen erwartet, das tut auch ihnen") an das wohlverstandene Eigeninteresse der Menschen. Sie fordert freilich mutige Menschen, die jenes Risiko in Kauf nehmen, das mit jeder Vorleistung verbunden ist.

Adam Smith war von der Theorie des sich selbst regulierenden Marktes ausgegangen. Diese Theorie ist in doppelter Hinsicht zu optimistisch. Sie rechnet nicht mit der abgrundtiefen Not von Menschen einerseits, in der sie nehmen müssen, was sie kriegen können, noch mit der wölfischen Mentalität der Profitjäger, die nur die Not der anderen ausnutzen. Der Mensch in Not, der etwas verkaufen will, kann sich leider auch nicht die günstigste Verkaufsstrategie zuvor ausdenken, sondern er bekommt die Preise diktiert. Die Machtverhältnisse lassen einen freien Markt nicht zu.

Da helfen allerdings weder das Gebot der Nächstenliebe noch der Appell an die Imagination einer Wechselseitigkeit. Das christliche Handeln müsste daher darauf zielen, die Menschen überhaupt markt- und wettbewerbsfähig zu machen. Das war und ist das Ziel von Kollekten wie Misereor und Adveniat (Bereitstellung von Produktionsmitteln). Der Ort der Nächstenliebe ist also im Vorfeld. Sie dient der (Wieder-)Eingliederung in das Marktverhalten.

Daran anzuschließen ist die Frage, ob und inwiefern Nächstenliebe im Falle grundlegender Verletzung der gemeinsamen Normen die „christliche" Antwort des Staates ist.

Barmherzigkeit als Prinzip?
Man sollte erwarten, dass Jesus wie auch der Apostel Paulus die „Werte“ von Barmherzigkeit, Frieden und Nächstenliebe so hoch schätzen, dass notfalls eine Gemeinschaft zugrunde gehen mag, wenn nur diese Werte durchgesetzt werden. Das ist freilich eine Fehleinschätzung. Denn es gibt für Jesus keine Prinzipien. Weder das Prinzip Friedfertigkeit (sonst hätte Jesus nicht die Händler aus dem Tempel vertrieben) noch das Prinzip Barmherzigkeit. Denn Jesus weiß offenbar genau: Mit Prinzipen ist eine Gemeinschaft nicht zu führen.

So mutet Jesus dem Einzelnen zu, dass er dem Nächsten, der gegenüber ihm etwas falsch gemacht hat, siebenmal siebzigmal vergibt, das heißt also: immer. Es geht um das Verhältnis zwischen zwei Christen, und der Mensch, dem etwas angetan wurde, ist fast grenzenlos belastbar. Doch im selben Kontext von Matthäus 18 erörtert Jesus den Fall, dass jemand der Gemeinde auf der Nase herumtanzt und dadurch ihr Ansehen zerstört. Denn da gibt es den Fall, dass jemand seinen Fehler nicht einsehen will, nicht unter vier Augen und nicht unter sechs bis acht Augen. Und wenn er dann auch vor die Gemeinde geführt wird und noch immer nicht einsehen will, also die Gemeinde missachtet, soll und kann sie ihm nicht vergeben, sondern soll ihn hinauswerfen. Denn im Unterschied zum Einzelnen, dem vieles zuzumuten ist, kann man eine Gemeinschaft nicht durch Entehrung belasten. Die Gemeinschaft bedarf eines höheren Schutzes. Ein ganz ähnlicher Fall wird in 1 Korinther 5 verhandelt: Da gibt es einen, der durch sein sexuelles Verhalten die ganze Gemeinde öffentlich in Misskredit bringt. Paulus sagt nun nicht: Verzeiht ihm, gebt ihn in Therapie, lasst es ihn noch einmal versuchen, übertreibt nicht so. Sondern er sagt auch hier: Entfernt ihn sofort, damit das Ansehen der Gemeinde nicht weiter Schaden leidet.

Für Jesus wie für Paulus ist daher Erbarmen die harte Regel für den Umgang der einzelnen Jünger und Jüngerinnen miteinander. Wo dagegen die Gemeinschaft auf dem Spiel steht, hat ihr Weiterbestehen absoluten Vorrang.

Die Bergpredigt als die Regel des Umgangs miteinander?
Es gibt immer wieder Politiker, die der Meinung sind, nach der Bergpredigt lasse sich ein Staat regieren. Im vergangenen Jahrhundert gehörte dazu ausdrücklich der Bundespräsident Johannes Rau. In der Gegenwart ist offenbar Papst Benedikt XVI. dieser Meinung.[1]

Nach den ethisch-moralischen Schriften Immanuel Kants ist der Mensch dann und nur dann wahrhaft autonom, wenn er die Gebote der Moral aus Vernunftgründen und damit frei erfüllt. Diesen kantianischen Grundsatz sieht der Papst in der Bergpredigt erfüllt, und darin besteht für ihn deren Aktualität. Daher spricht der Papst hier von Gesetzesfreiheit und Vernunft. Sein Gedankengang ist folgender:

Jesus setzt sich in Gegensatz zur Autorität des Moses („Euch ist gesagt worden ... Ich aber sage euch.“) Damit hebt er die Torah des Mose nicht einfach auf, aber er lässt sie erfüllt und damit aufgehoben sein, indem er wahre Gesetzesfreiheit proklamiert. Diese wahre Gesetzesfreiheit erreicht er dadurch, dass er die Gebote in Richtung der wahren Absicht Gottes, insbesondere des Schöpfers, vertieft und radikalisiert. Das geschieht, indem er die bloß äußere Norm (zum Beispiel: Du sollst nicht ehebrechen) auf ihre Herzensgrundlage hin überschreitet (in diesem Fall: Eine andere/einen anderen noch nicht einmal in Gedanken ausziehen). Wer so radikal den Willen Gottes vollzieht, hat damit das Gesetz überschritten (nicht: übertreten) und ist von ihm frei. Der Papst scheut sich nicht, dafür den paulinischen Gedanken der Gesetzesfreiheit aus dem Galaterberief zu zitieren; die Freiheit vom Gesetz ist gewiss keine matthäische Vokabel. Und gleichzeitig behauptet er, die Vertiefung, die Jesus der

1 J. Ratzinger/Benedikt XVI: Jesus von Nazareth, Freiburg 2007, 95–137.

Bergpredigt gäbe, sei im Sinne der Vernunftgemäßheit. Durch seine Auslegung habe Jesus die Gebote gelöst von der engen Bindung an Israel und zu einem Gebot für alle Völker universalisiert. Durch die Vernunftgemäßheit ergibt sich aber ein allgemein verpflichtender Charakter der Bergpredigt, und damit auch die Möglichkeit, darauf die Völkermoral zu gründen. Und wenn etwas vernünftig ist, dann kann damit auch ein Staat regiert werden.

Leider muss ich, so nützlich ich die Anregungen des Buches „Jesus von Nazareth" in christologischer Hinsicht finde, diese Schlussfolgerungen als Exeget kritisch betrachten. Die Art von Hermeneutik, die hier praktiziert wird, halte ich für problematisch.

Vielmehr stellt sich für mich die Frage nach der Geltung der Bergpredigt anders dar: Der Gedanke der Gesetzesfreiheit wie auch der Vernunftgemäßheit liegt Matthäus fern, und das gilt auch für Jesus. Für den Jesus der Bergpredigt gilt die Gesetzesbindung ohne Wenn und Aber. Wer sie aufheben würde, löst ihre Beziehung zum Schöpfer und Richter. Es ist seine Ordnung.

Das einzige Ziel der Bergpredigt ist die Gottähnlichkeit (Matthäus 5,45–48). Die bessere Gerechtigkeit, die Jesus erreichen will, hat ein einziges Ziel: „in den Himmel zu kommen". Und dieses Ziel kann mit dem bisherigen pharisäischen Weg nicht erreicht werden. Denn den himmlischen Lohn, den diejenigen erwarten dürfen, die die Bergpredigt halten, erhalten die Pharisäer nicht. Dass es diesen Lohn gibt, liegt nicht daran, dass die Bergpredigt vernünftiger ist, sondern dass die Christen sich am Übermorgen orientieren. Am himmlischen Schatz und Lohn, nicht an irdischer Vergeltung oder am Ansehen unter Menschen, die zeitlich nur auf „heute" oder „morgen" fixiert sind.

Natürlich kann man sagen, das sei eine besondere Vernünftigkeit. Aber diese besitzen die zitierten alttestamentlichen

Gebote auch ohne den Kommentar Jesu („Ich aber sage euch …“). Und diese weist auch die pharisäische Auslegung der Gebote vor Jesus auf. Die Vernünftigkeit ist kein besonderes Merkmal des Christentums. Wenn man Vernunft so allgemein gebraucht, dann kann sie für alles und nichts gelten. Denn fast jeder Gedanke hat seine eigene Art von Vernünftigkeit, auch bereits jedes Gebot der Torah im Urzustand. Zuzugeben ist, dass die Goldene Regel in ihrer positiven Fassung nach Matthäus 7,12 eine besondere Teilwiedergabe der Bergpredigt für alle ist, die Jesus nicht nachfolgen. Aber sie steht eben neben der sehr viel komplexeren Fassung für die Judenchristen und sie ersetzt sie keineswegs. Das gilt auch deshalb, weil ihr der eschatologische Aspekt fehlt. Vielmehr ist es eine sehr besondere „Vernunft“, oder eine sehr eigenartige Logik, die die Antithesen der Bergpredigt, aber auch die folgenden Lehren über Fasten, Beten und Almosen, bestimmt. Sie ist nicht allgemein vernünftig, sondern sehr spezifisch. Und sie eignet sich auch nicht zur Regierung eines modernen Gemeinwesens.

Das strikte Gewaltverbot scheitert schon gegenüber Rowdies in der Hauptschule und erst recht gegenüber Bankräubern. Die Funktion der Bergpredigt ist es vielmehr, bei jedem neu gefundenen ethischen Kompromiss immer wieder die Frage zu stellen, ob er radikal genug ist. Die Bergpredigt soll daher der kritischen Überprüfung unserer Kompromisse dienen. Auch Paulus versteht unter der Gesetzesfreiheit nicht die Befreiung vom Gesetz, sondern die Befreiung vom Zustand „unter“ dem Gesetz, in dem das Gesetz einen Menschen nur kritisiert und verurteilt hat. Ratzingers Bemerkungen treffen allerdings eher für Paulus zu. Denn in der Tat ist der heilige Geist die Macht, die uns aus dem Zustand „unter dem Gesetz“ befreit. Aber der heilige Geist hat bei Matthäus keine Funktion in der Gesetzesfrage.

Die „bessere Gerechtigkeit" bei Matthäus ist also nicht deshalb besser, weil sie auf vernünftige Liebe im heiligen Geist sich richtete, sondern weil sie im strengen Sinne Zukunft und Verheißung hat. Das ist freilich kein Thema allgemeiner Vernunft, sondern einer sehr besonderen apokalyptischen Denkweise.

Exegetisch halte ich das Schema, dem Ratzinger/Benedikt XVI. folgt, für sehr fragwürdig. So möchte ich ein an der neueren Übersetzungstheorie orientiertes Modell vorschlagen, das für biblische Texte und deren Analyse nach exegetischen Methoden gilt.

Die Darstellung der Fremdheit des alten Textes ist ein Ausdruck der Loyalität gegenüber dem Verfasser des Ausgangstextes. Sie achtet und schützt dessen nicht zu vereinnahmende Besonderheit. Sie bewahrt ihn vor oberflächlicher Modernisierung oder Rationalisierung des Textes. Denn der Interpret weiß: Ein Stück bewahrter Fremdheit ist immer die Bedingung der je neuen Wirkung. Die Vernunft spielt in diesem Übersetzungsprozess eine gewisse Rolle. Aber auch sie ist eben zeitgebunden und überführt die Geltung eines Textes nicht von der Relativität in die Absolutheit. Die Frage von Autonomie und Heteronomie entfällt für dieses Problem.

So komme ich zu dem Fazit, dass weder Altruismus noch Barmherzigkeit noch Vergeistigung oder Verinnerlichung des Gesetzes der Weg sind, biblische Anregungen für die Frage des Sozialen fruchtbar zu machen. Vielmehr bedeutet das Modell des anvertrauten Gutes Sachgemäßheit des Handelns, sorgfältiges Bewahren und Mehren dessen, was andere uns an Arbeit anvertrauen und für die Politik die Konsequenz, dass sie Welt und Menschen nicht zerstört, sondern sorgfältig und wachsam behütet. Es ist nicht Aufgabe der Politik, Utopien umzusetzen.

Ehe und Familie

Dass Ehe und Familie zu notleidenden Institutionen geworden sind, ist hinlänglich klar. Was die einen als Sieg der Freiheit feiern, als Schritte zur endgültigen Emanzipation aller Veranlagungen und Wünsche des Menschen, wird von anderen als grundlegende Gefährdung des Volkes angesehen. Der starke Geburtenrückgang weist darauf, dass die eigentliche Revolution des 20. Jahrhunderts wohl die Erfindung der sogenannten Antibaby-Pille gewesen ist. Die Ambivalenz ist bekannt: Einerseits gibt es mehr berufliche Möglichkeiten und wirtschaftliche Unabhängigkeit für Frauen, und dadurch entsteht ein Veränderungsdruck auf Paarbeziehungen und Familien. Andererseits ist da die Schattenseite: Die hochgradig flexibilisierte und dynamisierte Berufswelt ist extrem familienfeindlich, darum driften Familienwirklichkeit und die Wirklichkeit der Funktionselite wirtschaftlicher und politischer Entscheider auseinander. Das alles ist hier weder zu bedauern noch zu wiederholen. Ich könnte aber dem Anliegen des Buches nicht treu bleiben, wenn ich nicht ein paar kräftige Impulse aus unbekannten Schatzkammern geben könnte.

Impulse der Weisheitsliteratur: Als weniger bekanntes Dokument aus dem Judentum ist hier das Lehrgedicht unter dem Namen des Phokylides zu zitieren, ein 230 Verse langes weisheitliches Lehrgedicht, das sich selbst „Geheimnisse der Gerechtigkeit“ (V.229) nennt. Es ist zwischen 100 v. und 100 n. Chr. im Griechisch sprechenden Judentum entstanden. Die Verse 175–230 befassen sich mit dem Thema Familie:

„(175) Bleibe nicht unverehelicht, damit du nicht ohne Namensträger untergehst. (176) Gib auch du der Natur das Deine; zeuge auch du wieder Kinder, wie auch du (selbst einst) im Ehebett empfangen wurdest.

[…] [Es folgt eine Liste von Verboten analog zu Levitikus 18,6–23]

(184) Eine Frau bringe das ungeborene Kind im Mutterleib nicht um …
(193) Verströme dich nicht völlig und hemmungslos in Liebe zum Weibe.
(194) Denn Eros ist kein Gott, sondern eine verheerende Leidenschaft aller (Menschen).
(195) Liebe dein Eheweib. Denn was wäre lieblicher und vortrefflicher,
(196) als wenn eine Frau ihrem Manne freundlich gesinnt ist bis ins Alter,
(197) und (ebenso) der Gemahl seiner Gattin, und Zank nicht entzweiend dazwischenfährt?
(198) Niemand wohne einem Mädchen gewaltsam bei, ohne es zu freien.
[…]
(218) Liebe deine Freunde bis zum Tod – Treue geht über alles!
(219) Deinen Verwandten gegenüber beweise Freundschaft und unverfälschte Eintracht.
(220) Habe Ehrfurcht vor ergrauten Häuptern! Den Greisen lass zukommen
(221) (Ehren-)Plätze und alle Ehrenbezeigungen. Einen seiner Herkunft nach gleichrangigen
(222) Greis im Alter deines Vaters umgib mit gleichen Ehren.
(223) Gib deinem Sklaven, was er zu seiner Sättigung braucht.
(224) Lass dem Sklaven eine geregelte Entlohnung zuteil werden, damit er dir dienstwillig sei.
(225) Kennzeichne ihn nicht mit Brandmalen – damit schändest du ja deinen Diener.
(226) Schädige keinen Sklaven, indem du Schlechtes gegen ihn bei seinem Herrn vorbringst.
(227) Nimm von einem Haussklaven, der dir wohlgesonnen ist, auch Rat an.

Angeredet wird hier – wie auch sonst in der Weisheit – der junge Mann, der an der Schwelle des Erwachsenseins steht. Die weisheitlichen Lehrgedichte dieser Zeit neigen zur „Nesterbildung", das heißt, in bestimmten Abschnitten werden Weisungen zu einem Thema zusammengestellt. Hier besteht eine große Nähe zu den Traktaten namens Oikonomikos, die das Hauswesen regeln, und zu den stoischen Pflichtenkatalogen, die die Pflichten des erwachsenen Mannes gegenüber Frauen, Kindern und Hausgenossen regeln. Alle diese Sammlungen von unterschiedlichen Weisungen ähneln den neutestamentlichen „Haustafeln", die sich zum Beispiel im Brief an die Epheser und an die Kolosser finden. Im vorliegenden Traktat geht es nicht nur um Ehe und Kindererziehung, sondern auch um das Ehren der Alten sowie um Sklaven, denn auch diese gehören zum Haus.

Die einzelnen Regeln haben sich bis zum 19., teilweise bis ins 20. Jahrhundert hinein nicht geändert. Die Kennzeichnung der Sklaven mit Brandmalen, hier in Vers 225 untersagt, wurde von den Nazis an KZ-Häftlingen wieder vorgenommen.

Die Ethik dieses Traktats ist restriktiv und so angelegt, dass alle in Sicherheit verwahrt werden. Das empfohlene Verhalten gegenüber Sklaven ist als human zu bezeichnen. Dagegen gilt eine sich (allseits) entfaltende Sexualität als gefährlich – auch für den Bestand der Ehe.

Praktische Konsequenzen: Der Text, der vor 2000 Jahren den jungen Mann angeredet hat, richtet sich heute an den Politiker. Denn die Sorge um die Rahmenbedingungen des geforderten sozialen Handelns muss subsidiär von der Sozialpolitik übernommen werden. Den Schutz der Ehe und Familie kann der Einzelne nicht mehr leisten, weil die an diesen Ordnungen zerrenden Kräfte zu stark geworden sind. Denn die Grundüberzeugungen werden nicht mehr geteilt. Und das gilt unabhängig davon, ob sie so restriktiv dargestellt werden wie in dem oben zitierten zwei Jahrtausende alten Text. Auch wenn man offener formuliert, bleibt der Grundkonflikt um den besonderen Schutz von Ehe und Familie bestehen. Das aktuelle demographische Desaster konnte den betroffenen verantwortlichen Paaren noch immer nicht die Augen öffnen.

Eine allgemeine Grundhaltung ist die Überzeugung geworden, dass die Allgemeinheit das Recht jedes Einzelnen auf maximalen Konsum garantieren muss, und zwar unabhängig von einer Gegenleistung. Andererseits wird die Überzeugung nicht geteilt, dass unsere Kultur, Religion oder geschichtliche Identität irgendeinen Wert darstellten, der gegen allgemeine Nivellierung zu verteidigen wäre. Tut man dies, handelt man sich sogleich den Vorwurf ein, Anhänger einer dubiosen Leitkultur zu sein.

Der Schutz von Ehe und Familie gilt als anti-emanzipatorisch im Sinne der Ablehnung der Emanzipation der Frau. Diese merkwürdige Meinung wird erst dann behoben oder wenigstens verändert sein, wenn kluge und bestimmende Frauen einsehen, dass Schutz von Ehe und Familie nicht gegen Frauen gerichtet sein muss, im Gegenteil.

Jüdische und christliche Religion werden noch immer als per se sexualfeindlich angesehen. Der Kirche traut man auf dem Gebiet der Sexualität keine ernst zu nehmende Meinung zu; und auch ohne konkrete Kenntnis ist diese Meinung bestimmend. Sie herrschte bereits im 19. Jahrhundert, insoweit das Christentum als lebens- und sinnenfeindlich wahrgenommen wurde (Friedrich Nietzsche). Wie aber zum Beispiel die Geschichte der Auslegung des Hohenlieds zeigt, besitzt die Kirche hier durchaus eine Jahrhunderte währende und bewährte Kompetenz. Durch überzeugende Publikationen, die ihre Seite zärtlicher und saftiger Humanität zeigten, könnte und müsste die Meinungshoheit auf diesem Gebiet zurückgewonnen werden. Dazu gibt es bereits erste Ansätze.

In der Grundeinstellung zu Kindern scheint außerdem die weisheitliche (!) Einsicht verloren gegangen, dass Menschen sich am Ende nur an das Positive erinnern. Das Negative wird vergessen. Das Christentum kennt jedoch wie das Judentum eine heitere, das Leben und seine Güter bejahende Tradition ebenso wie eine skeptisch-pessimistische. Für die Lebensbejahung steht die gesamte Tradition des Segens und der Segenshandlungen. Für die skeptische zum Beispiel die „skeptische Weisheit" wie Kohelet. Dieses Nebeneinander muss bis auf weiteres ertragen werden. Schlimmer als die Einseitigkeit ist nur die Langeweile.

Mann und Frau

Dass in Deutschland der durchschnittliche Lohn von Frauen noch weit unter dem des Mannes liegt und dass der Anteil von Frauen zum Beispiel unter den Hochschuldozenten noch immer weit unter zehn Prozent beträgt, sind Skandale, die man nicht genug anklagen kann. Dies sind Beispiele, die stellvertretend für viele Bereiche des (öffentlichen) Lebens stehen. Die Hausarbeit wird zum überwiegenden Teil (80 Prozent) von den Frauen gemacht, auch bei Erwerbstätigkeit; die Frauen übernehmen den überwiegenden Anteil an unbezahlter Betreuungs- und Pflegearbeit in dieser Gesellschaft, etc.

Impulse der Weisheitsliteratur: Paulus schreibt im neutestamentlichen Brief an die Gemeinde in Galatien (Galater 3,26): „Denn durch den Glauben an den Messias Jesus seid ihr alle Kinder Gottes. Da ihr auf Jesus Christus getauft seid, habt ihr ihn wie ein Kleid angezogen und seid mit ihm eins. Daher gilt alles, was für ihn gilt, auch für euch.[1] Damit sind die trennenden Unterschiede zwischen Juden und Griechen, Sklaven

1 Das bezieht sich insbesondere auf die in 3,16 beschriebene Rolle Jesu, „der" Same Abrahams zu sein. Wenn die Christen Jesus angezogen haben, können sie auch „der" Same Abrahams sein.

und Freien, Männern und Frauen verschwunden. Weil ihr Jesus Christus gehört, seid ihr alle einer geworden. Und weil ihr ihn wie ein Kleid angezogen habt[1], seid ihr ein und derselbe wie er und damit das Kind Abrahams und also auch Erbe und Träger der Verheißung." Die Frage des Bibelauslegers ist: Sind Frauen den Männern gleich geworden – oder sind nur die trennenden Unterschiede zwischen ihnen aufgehoben? Sind sie eins – oder identisch geworden? Die Unterschiede zwischen Griechen und Juden sowie zwischen Eltern und Kindern konnten weder damals noch heute aufgehoben werden. In der Scholastik galt der Grundsatz: „Die Gnade zerstört nicht die Natur, sie vervollkommnet sie nur." Aber welches sind die trennenden Unterschiede, welches die natürlichen? Die trennenden sind auf jeden Fall die, die von Gott und Christus trennen könnten, nach Galater 3 also die Nicht-Zugehörigkeit zur Gemeinde, die Gefahr der Kirchenspaltung. Die natürlichen Unterschiede sind für Paulus die in der Schöpfung selbst begründeten. Paulus liest sie aus Genesis 1–2 und stellt sie in 1 Korinther 11 dar. Dass es der Frau von Natur aus im Unterschied zum Mann an Fleiß oder Intelligenz mangele, kann Paulus aus Genesis 1f nicht ersehen. Dass sie sündiger sei, ebenfalls nicht. Er erkennt in Genesis 2 die Wechselseitigkeit der physischen Abhängigkeit. Die Zugehörigkeit zum heiligen Geist nach Galater 3 bedeutet neue Schöpfung. In ihr gilt nur noch das Kriterium der Gerechtigkeit. Der heilige Geist überwindet per se jede Spaltung. Die natürliche Differenz bleibt erhalten. Sie hindert aber nicht die neue Gerechtheit und das Einssein in Christus. Die Bibel lehrt, alle Differenz, die vor dem Sündenfall entstanden ist, als Bereicherung und als Grund zum Lob Gottes anzusehen.

---

1 Denn das Kleid bedeutet Identität, und die war nach Galater 3,16 nötig, um die Verheißung zu erben.

Praktische Konsequenzen: Hinsichtlich aller Fragen der Gerechtigkeit besteht auch nach 2000 Jahren ein enormes Defizit. Das hat auch etwas zu tun mit der Frage der Beteiligung von Frauen an der Unternehmensführung. – Oft wird die Frage gestellt, durch welche konkreten Maßnahmen im Bereich der „Gerechtigkeit" die große Gerechtigkeitslücke aufgefüllt werden kann.

Ich möchte eine neue Antwort versuchen. Sie beruht nicht auf einer Anfrage an Frauen, sondern zielt auf das Bild, das Männer von sich selbst und anderen Männern haben. Genau von diesem Bild ist ihr Bild von „erfolgreichen" Frauen abhängig. Und genau das „funktioniert" nicht. Nach fast 40 Jahren Erfahrung in den Gremien diverser Universitäten kann ich sagen: Es gibt einen bestimmten Typ von Mann, der meint, er sei zur Führung berufen, und der wird dann auch Sprecher seiner Fachgruppe, Dekan und Präsident aller möglichen Institutionen. Dieser Typ ist schon vom non-verbalen gewaltigen Auftreten her wohlbekannt. Lassen wir im Folgenden eine sachkundige Frau über diese Männer (und den Geschmack der ihnen sich unterordnenden Männer) und über ganz andere Männer zu Wort kommen; demnach gibt es eine neue – aus meiner Sicht vielversprechende – Riege von „Führungskräften", deren Eigenschaften fast aus einem biblischen Weisheitsbuch abgeschrieben sein könnten: „Leute mit Level-5-Führungsqualitäten", Männer, „die sich durch eine paradoxe Mischung aus persönlicher Bescheidenheit und beruflicher Entschiedenheit auszeichnen. Sie sind still, leistungswillig bis zur Selbstaufgabe, zurückhaltend, ja fast schüchtern. Sie erinnern eher an Lincoln und Sokrates als an General Patton oder Cäsar". Dem stehen Männer gegenüber, die zur ausufernden medialen Selbstdarstellung neigen[1]. Mir ist beim Lesen dieser Beschreibung einiges klar ge-

---

1 Dagmar Deckstein, „In der Stille liegt die Kraft", Süddeutsche Zeitung Nr. 149/ 2007, 17.

worden: Still, leistungswillig, zurückhaltend, fast schüchtern. Das ist die Summe des weisheitlichen Bildes vom Mann in öffentlicher Verantwortung[1]. Und in diesen Hinsichten ist er Frauen am ähnlichsten. Hier wird also im Bild des Mannes vom Mann der entscheidende Grund für die Einschätzung von Frauen erkennbar. Und der Kreis schließt sich deshalb, weil alle diese guten Einsichten in der Weisheit eben durch „Frau Weisheit" vermittelt werden. Und es gilt: Hier, auf dem Gebiet des strikt sachbezogenen Handelns, können Frauen und Männer am ehesten zusammenkommen. Dort also, wo nicht den Schwätzern und Windmachern Tür und Tor geöffnet ist.

Das weiß im Übrigen auch die katholische Kirche. Deshalb hat sie auf dem Gebiet der Effizienz des Charismas nie an der Gleichrangigkeit der Frauen gezweifelt („von der Äbtissin bis zur Märtyrerin"). Deshalb ist es auch schön zu sehen, wie es immer mehr Ordinariatsrätinnen gibt, also Frauen in Leitungsfunktionen.

Die Frage nach der Rolle der Frauen am Altar ist weder eine der Gerechtigkeit noch der Moral noch der Menschenwürde. Daher ist sie hier nicht zu behandeln[2]. Es ist eine Frage der gottesdienstlichen Bildersprache. Wer hier nicht differenzieren kann, sollte in Zukunft durchaus als ungebildet gelten.

---

1 Für jeden, der sich in der biblischen Weisheitsliteratur etwas auskennt, sind die Attribute „Fleiß", „Schweigsamkeit", „Machtverzicht", „Zurückhaltung" und „Bescheidenheit" geradezu die typischen Merkmale des biblischen Weisen, man könnte auch sagen: des Erziehungsziels der Weisheitsliteratur. Oft werden diese Merkmale auch in literarischer Verbindung gelehrt: Proverbien 13,1–4: „Ein weiser Sohn hat Mahnung lieb, ein zügelloser hört auf keinen Vorwurf. Von seiner Reden Frucht genießt ein jeder Lohn, das Streben der Verbrecher aber ist Gewalttat. Wer seinen Mund bewacht, bewahrt seine Lippen, wer seine Lippen aufsperrt, dem droht Untergang. Es sehnt sich – doch umsonst – des Faulen Seele, aber die des Fleißigen wird reich gelabt."

2 Vgl. Klaus Berger: Glaubensspaltung ist Gottesverrat, München 2006, 199–218.

Gesundheit

Die Gesundheit ist ein erstrangiges Politikum geworden. Nicht nur die Möglichkeiten des technischen Fortschritts, die Heilung fast in jedem Fall zu versprechen scheinen, sind ein Grund dafür, sondern auch eine Mentalität vieler Menschen in Mitteleuropa, die heute Gesundheit als Inhalt einer neuen Religion betrachtet. Dadurch wird Gesundheit aus der Einbindung zum Beispiel in die christliche Religion gelöst und verselbständigt sich zu einem eigenen Kultgegenstand mit höchsten Anforderungen.

Impulse der Weisheitsliteratur: „Bevor du redest, unterrichte dich, und vor der Krankheit pflege die Gesundheit" (Sirach 18,19). Und: „Schätze hoch den Arzt, so wie er nötig ist; denn Gott hat ja auch ihn erschaffen. Von Gott erhält der Arzt die Weisheit, vom König erntet er Geschenke. Des Arztes Kunst erhöht sein Haupt, und auch vor Fürsten darf er stehen. Gott bringt aus Erde Heilgewächs hervor, und wer vernünftig ist, verschmäht es nicht. Ist nicht durch Holz das Wasser süß geworden, um seine Kraft zu offenbaren? Dem Menschen hat er den Verstand gegeben, um sich durch seine Machterweise Ehre zu verschaffen. Hierdurch behebt der Arzt den Schmerz. Und auch der Salbenmischer fertigt Salben, damit sein Schöpfungswerk kein Ende nehme, noch Heilerfahrung von der Erde schwinde. Mein Sohn, in Krankheit säume nicht, und bet' zu Gott; denn er nur macht gesund. Lass ab von Frevel, ordne deine Hände und reinige das Herz von allen Sünden. Weih des Erinnerungsopfers angenehmen Duft, mach fett die Gabe, so die Mittel reichen! Doch auch dem Arzt gewähre Zutritt, er soll nicht weichen, denn auch er ist nötig. Denn zur gegebenen Zeit liegt der Erfolg bei ihm. Auch er fleht im Gebete ja zu Gott, dass er die Untersuchung ihm gelingen lasse und auch die Heilung zur Erhaltung eines Lebens. Nur wer vor seinem Schöpfer sündigt, wird in des Arztes Hände überliefert." (Sirach 38,1ff)

Und das Buch Exodus (15,26) meint: „Wenn du nur fleißig hörst auf die Stimme deines Herrn …, will ich dir keine der Krankheiten auferlegen, die ich den Ägyptern auferlegt habe; denn ich bin der Herr, dein Arzt."

Einer Vergötterung der Medizin und der Mediziner schiebt Sirach immer wieder einen Riegel vor, indem er erklärt, Gott sei der Gebende. Der Salbenmischer in Sirach 38,8 ist der „Apotheker". Das in 38,9 angegebene Gebet wird bei der Aufnahme in mittelalterliche Hospize zu Beichte und Kommunion gesprochen. Schön und tröstlich ist nach Sirach 38,14, dass auch der Arzt betet. In diesen Texten wird das Thema Gesundheit nicht als Politikum gehandelt. Es wird dazu jedoch in der Umwelt des Neuen Testaments, und zwar insbesondere durch die enge Verbindung von Herrscherkult und Gesundheitswesen. Herrscher wie Kaiser Vespasian treten als Heiler zum Beispiel von Blinden auf. Und Serapis ist ein Heilgott, dessen Kult systematisch von den Herrschern Ägyptens (Ptolemäern) ausgebreitet wird; schon der Name Sa(e)rapis ist eine kunstvolle Kombination aus Osiris und Apis.

Praktische Konsequenzen: Gesundheit zu bewirken, gehört zu den anhaltenden Schöpfungsaktivitäten Gottes (Sirach 38,6), aber Gesundheit ist gerade deswegen nicht das „höchste Gut". Wenn Seelsorger und Mediziner Interdisziplinarität einüben, ist das nicht nur kostensparend, sondern auch zum Wohl der Menschen.

Andererseits stehen dem „Recht auf Gesundheit" oft die Patentrechte der Pharma-Industrie im Wege, wenn sie verhindern, dass Menschen preisgünstige Medikamente erhalten.

„Ich bin der Herr, dein Arzt" beansprucht, dass Gesundheit nicht nur technisch oder psychologisch zu begreifen ist, sondern im Rahmen des biblischen Schöpfungsglaubens immer auch theologisch. Daher werden die Vertreter der biblischen Religion hier immer auch mitreden wollen.

Menschen leben heute jahrzehntelang in derselben Stadt nebeneinander her. Oft herrscht abgrundtiefes Desinteresse: So entstehen Parallelwelten. Das moralische Überleben (auch im strengen Sinne des Wortes „moralisch") der Fremdstämmigen ist davon abhängig, dass diese ihre eigene Kultur bewahren. Das Miteinanderleben in einer Stadt ist aber nur möglich, indem man sich kulturell angleicht. Es ist daher umstritten, ob Anpassung oder Bewahrung zu predigen sei. Jenseits dieser Alternative aber sind gegenseitiges Interesse und Vermeidung der Gleichgültigkeit das Wichtigste. Jenseits aller öffentlichen Maßnahmen ist Verbindung durch Freundschaften das Wirksamste. Im Gleichnis vom barmherzigen Samariter geht es ausdrücklich um Freundschaft als Interpretation der Nächstenliebe.

Impulse aus der Weisheitstradition: Neu ist im Gleichnis vom barmherzigen Samariter (Lukas 10) der Ausdruck „jemandem der Nächste werden". Im Alten Testament ist der Nächste immer der Nachbar und Volksgenosse. Wenn dagegen Jesus davon spricht, dass man „jemandem der Nächste werden" kann, und zwar durch eigenes Tun, dann verbindet er den Gedanken des Nächsten mit dem des Freundes aus der Weisheitsliteratur. Das hebräische Wort für beide ist *re'a*. Ein Freund aber wird man, ein Nächster ist man. Jesus geht damit über starre dörfliche Sozialbeziehungen hinaus und öffnet den Begriff des Nächsten und damit das Liebesgebot für alle Menschen. Diese Öffnung hat mit den galiläischen und hellenistischen Städten zu tun. Denn diese sind nicht zuletzt Häfen für die kulturell entwurzelte Landbevölkerung, d. h. die Einwohner der Städte müssen ein neues soziales Miteinander finden.

Schon innerhalb von Levitikus 19 wird das Gebot, den Nächsten zu lieben wie sich selbst (19,18), ausgeweitet auf den Nicht-Israeliten, und zwar in Levitikus 19,34: „Liebe den Fremden wie dich selbst". Nun ist der Fremde von Levitikus 19,34 der „Beisasse", also der dauerhaft neben Israeliten ansässige Nicht-Israelit. Das gilt auch im hellenistischen Judentum, besonders in Alexandrien: In diesem stets bedrohten Minderheitsvolk hat die Aufforderung zur Liebe eine Tendenz zur Ausweitung der Gemeinschaft. In Alexandrien wird der Begriff der Philanthropie für alle Zeiten von Juden in diesem Sinne neu geprägt und gefüllt.

Die Weisheitsliteratur mahnt an allen einschlägigen Stellen, Fremde und Fremdstämmige freundlich zu behandeln. Angesichts des internationalen Charakters der Weisheitsliteratur ist anderes auch kaum vorstellbar. Das Fehlen nationaler religiöser Themen besonders in der klassischen Weisheit ist bemerkenswert.

Das Geheimnis dieser völlig ungebrochen unproblematischen Zuwendung zu Fremdstämmigen liegt in der intellektuellen und moralischen Souveränität der Weisheitstradition und ihrer Vertreter. Dazu gehören eine innerlich wirklich gefüllte aristokratische Ausrichtung sowie ein starkes Traditionsbewusstsein, das mit der Hochschätzung des Alters und der Alten einhergeht. Dem entspricht auch der Inhalt der weisheitlichen Mahnreden, der auf oberflächliche Aktualität erkennbar nicht bedacht ist. Das Alter selbst, nicht die stammesmäßige Einfärbung, ist die Garantie der Solidität. Tradition hat somit Eigenwert und sie geht nicht auf Kosten anderer.

Die häufige Regelung des Miteinanders in der Öffentlichkeit widerspricht jeglicher Eigensinnigkeit. Es ist die Welt der hellenistischen Städte rund um das Mittelmeer, die sich hier widerspiegelt.

Gott hält die Ordnung der Welt in seinen Händen. Daher ist in der Weisheit für unfriedliche Rangeleien „nationaler" oder stammesmäßiger Art kein Platz. Das frühe Christentum schließt sich in Bergpredigt, Feldrede und Gleichnissen dieser offenen Freundlichkeit und Allgemeingültigkeit an. So entsteht der Grundstock an Mahnrede, der weltweit Gehör findet.

Praktische Konsequenzen: Mangel an Weisheit führt zu Angst vor dem Fremden. Denn der Weisheit geht es nicht um bestimmte Werte, sondern um einen disziplinierten Denkstil. Wer an ihm teilhat, ist Mitglied einer internationalen Gemeinschaft, einer Art *civitas sapientium*, einer Stadt der Weisen. Das frühe Christentum konnte teilweise an diese Gemeinschaft anschließen.

Gegenwärtig kann ein genuiner Beitrag des Christentums darin bestehen, dass es aufgrund seiner orientalischen Identität Brücken zum Verstehen gegenüber Juden und Moslems baut. Denn ein entscheidendes Problem des Weltfriedens besteht in der sprichwörtlichen und auch tatsächlichen Unfähigkeit des westlichen Denkens, „orientalisches" Denken nachzuvollziehen. Die vom „Orient" gefühlte Missachtung rührt daher. Sie ist eine der Ursachen dafür, dass der Nahe Osten ein gefährliches Krisengebiet ist. Die Ursache dafür ist ein fortwährendes Missverstehen der Logik der anderen. Man kann es auch ein dauerhaftes kulturelles Nicht-Begreifen nennen.

Exemplarisch begegnen wir diesem Problem in der Auslegung der Bibel. Denn die Bibel ist ein orientalisches Buch. Die Art der dogmatisch-philosophischen Bevormundung der Bibel durch die westlichen Kirchen ist ein jahrhundertealtes Seitenstück zum aktuellen kulturellen Nicht-Verstehen. Andererseits hat gerade die neuere Exegese Mittel und subtile Methoden des Verstehens entwickelt, von denen man hoffen kann, dass sie nicht einfach zur Wiederholung von Missverständnissen auf neuer Ebene führen, sondern dass sie eine Atmosphäre schaffen, die durch entsprechendes Bemühen friedlich ist.

Diese Methoden, die jeder Studierende der Bibel im Proseminar lernt, sind nicht nur auf Orientalistik und Bibel beschränkt, sondern sind auch eine Einübung in andere schwierige Prozesse des Verstehens von Fremdem. So eignen sie sich auch in schwierigen Fällen der Seelsorge. Mit anderen Worten: Die Methoden der Exegese, subtil und schonend angewandt, könnten zu einer Friedenwissenschaft schlechthin werden.

Denn die orientalische Weisheit selbst, mit der wir es in der Bibel zu tun haben, lehrt auf Schritt und Tritt, dass wahrhaft imponierend nicht Reichtum oder gar Waffen sind. Einen Weg, das Herz der Menschen zu gewinnen – der Wille dazu war bisher, abgesehen von Guerillakriegen, kaum je da – führt eindeutig über das Verstehen und die Hochachtung der Kultur, also über Wege des Denkens und Empfindens. Die Weisheitsbücher geben daher das wirkliche Werteverständnis dieser Menschen wieder. Denn in der Tat ist hier der Weise der am meisten Geschätzte. Er ist der Gebildete, nicht unbedingt jener, der vieles weiß.

6 Bildung und Unterricht

Das zentrale Thema der Weisheitsschriften

Noch vor wenigen Jahren waren Unterricht, Bildung, Studium, Forschung oder gar Erwachsenen- und Seniorenbildung nur Themen am Rande, für die man nur soviel Geld ausgab, wie es nötig war. Das Bewusstsein hat sich hier merklich verändert. Plötzlich entdeckt man, wie sehr die Zukunft einer Gesellschaft abhängt von Bildung und Ausbildung nicht nur der Jungen, sondern auch zum Beispiel von der Weiterbildung der Generation der Über-fünfzig-Jährigen.

Impulse der Weisheitsliteratur: In der gesamten biblischen Weisheitsliteratur ist Bildung, Ausbildung, Vermittlung von Lebens- und Regierungskunst das zentrale Thema. Denn durch die so verstandene Weisheit unterscheidet sich die Elite der Weisheitsschüler von allen anderen. Dabei geht es nicht um das Fachwissen von Einzeldisziplinen, sondern um Erfahrungsgrundsätze, die wir mit folgenden Bereichen verbinden: Regeln der öffentlichen Kommunikation, Umgang mit Medien, Achten auf die Glaubwürdigkeit, zentrale Werte im öffentlichen Miteinander, Faktoren und Wege zur Sicherung der Herrschaft.

Wenn man die biblischen Weisheitsbücher liest, entsteht beim modernen Leser die Frage, wie diese Spruchsammlungen das eben geschilderte Bildungsziel praktisch erreicht haben. Es ging ja um eine Art Unterricht sogenannter „Väter" gegenüber sogenannten „Söhnen" (und vielleicht manchmal auch Töchtern; die Königin von Saba zu Salomos Füßen war zumindest schon geschlechtsreif). Ich habe die These aufgestellt und begründet[1], dass die einzelnen Sprüche dabei lediglich Pointen für Beispiele und Gleichnisse waren. Daher sind die Weisheitsbücher, die uns vorliegen, Sammlungen von Pointen. Das betrifft jedoch nicht regelrechte Traktate, wie sie in den hinteren Kapiteln des Sirach-Buchs vorliegen. Man lernte also nicht die Reihe der Sprüche für sich, sondern diese waren Gedächtnisstützen für einen breiter gefassten Unterricht. Man darf sich diesen Unterricht so vorstellen wie etwa den Studiengang „Ethik für Mediziner". Auch dort sind die einzelnen mehr oder weniger abstrakten Grundsätze in der Regel gewürzt durch packende Beispiele. Wer mitschreibt, notiert die Grundsätze.

Zwischen Erziehung und Bildung ist zu unterscheiden. Bildung ist das Ziel, und dieses ist mit einem bestimmten Menschenbild verbunden. Erziehung ist der Weg dorthin, auf dem Erziehende und zu Erziehende eine Art Gemeinschaft bilden.

Weisheit hat eine dualistische Struktur. Das bedeutet eine programmatische Notwendigkeit und Fähigkeit zum Neinsagen. Die soziologische Basis ist die Unterscheidung von Nicht-Gebildeten und Gebildeten. Die Gebildeten werden dabei als Elite verstanden. Der Zugang zur Bildung ist niemandem versperrt. Insofern ist Elite das Resultat, nicht aber die Voraussetzung. Die Einladung ergeht immer wieder an alle, „die sich auf der Straße tummeln". Das Ziel der Weisheit, die sich insofern den Noch-Ungebildeten und nicht den Gebildeten zuwendet, ist es, aus „Toren" Weise zu machen.

Praktische Konsequenzen: Für die Wahrnehmung der Weisheit ist die Ungleichheit unter Menschen konstitutiv. An die Bildung einer Elite ist die Existenz eines ganzen Gemeinwe-

1 Klaus Berger: Für alles gibt es eine Stunde. Die Weisheit des Alten Testaments, Frankfurt 2007.

sens geknüpft. Wer sich auf die Weisheit einlässt, dessen Lebensstil und dessen Menschenbild und persönliche Existenz sind fortan durch diese Entscheidung bestimmt. Dass es sich um eine Grundentscheidung für einen schmalen und mühsamen Weg handelt, wird aus Proverbien 8,32–36 erkennbar. Man beachte hier besonders die doppelte Seligpreisung und den Satz „Ein jeder, der mich hasst, der liebt den Tod". Diese Wahrnehmung der Ungleichheit tut einer Bildungslandschaft gut, die die Begabung aller voraussetzte, und die noch vor kurzem von Chancengleichheit sprach, aber vor allem die Begabten leiden ließ. – Andererseits wendet sich die Frau Weisheit stets an die Nicht-Weisen und eben nicht an die Weisen. Sie fordert die „Toren" (Ungebildeten, Dummen) auf, zu ihr zu kommen, auf sie zu hören. Man lese Proverbien 8,5 genau: „Begreift die Klugheit, ihr Einsichtslosen, ihr Toren richtet euer Herz zurecht!" Die einzige Gruppe, an die sich die Weisheit nicht wendet, sind die Weisen. Denn die wissen schon alles oder meinen es. Dem entspricht im Neuen Testament noch genau Matthäus 11,25f („Nicht den Klugen und Verständigen …").

Die Botschaft der Weisheit betrifft vor allem sich selbst. Daher finden wir die Gattung der Selbstvorstellung im Ich-Stil („Ich bin …") auch immer wieder in Weisheitstexten der Bibel (Proverbien 8; Sirach 24). – Die Weisheit verkündet sich als den höchsten Wert. Das bedeutet: Die Bildung, die sie vermittelt, ist ein bestimmtes Werturteil über den „Rest der Welt". Der Gebildete kann Geist und dessen Beweglichkeit, Phantasie, Erfindungen höher schätzen als alles andere (Macht, Reichtum, Sexualität). Die Frage nach dem höchsten Wert ist typisch für die neutestamentliche Zeit. Im Neuen Testament wird sie in jedem Falle mit dem Stichwort „Liebe" beantwortet, in anderen Texten mit dem Hinweis auf die Macht der Frauen oder den Wert der Hoffnung (Philo von Alexandrien).

Ein Beitrag zur aktuellen Situation: Es ist der vorangegangenen Generation nicht vermittelt worden, dass es Wertvolleres und Wertloseres gibt. In der neuzeitlichen materialen Ethik hatte man schon in den 20er Jahren des 20. Jahrhunderts von einer „Ordnung der Liebe" im Sinne der Liebenswertigkeit gesprochen. Die Weisheit Israels kommt dem entgegen, da schon vor zwei Jahrtausenden gesagt wurde: Das Einhalten der Gebote der Weisheit ist Liebe. Wer sich also an die Ordnung der Weisheit hält, tut es aus Liebe.

Achtung des Alters

Die klassischen Adressaten der Bildung sind die Jugendlichen. Dass sie Bildung annehmen können, setzt überhaupt Respekt vor den Älteren und Alten voraus. Das bedingt ein formal konservatives Element. „Jugend führt Jugend" ist nicht gerade Grundsatz der Weisheit. Immer wieder wird dazu angehalten, das Alter zu ehren und darauf zu hören. Der tendenziell asketische Zug der Weisheit (Einschränkung ausschweifender Lebenslust) hat in der Orientierung an den Senioren ihre Ursache, ebenso die grundsätzliche und starke Bejahung der Familie. Anders bei uns: Noch immer werden Medien und Werbung in Westeuropa beherrscht vom Ideal der Jugendlichkeit. In der klassischen Weisheit gibt es das nicht. Man setzt auf die Dinge, die sich bewähren.

Erziehung ohne Autorität ist unmöglich. Die Weisheitsliteratur geht von der Autorität des Alters aus. Das wäre heute gesehen ein Stadium, in dem jeder Lehrer bereits pensioniert ist. Doch zeigt schon die Verwendung des Begriffs „Ältester" in den korporativen Gemeinschaften des hellenistischen Judentums und im gesamten frühen Christentum, dass man diesen Begriff schon längst nicht mehr nur an den Jahreszahlen des biologischen Alters gemessen hat, sondern an Kompetenz und Ausstrahlung. Die größte Bedeutung hat dabei zweifellos die Vorbildhaftigkeit des Lehrers. Sirach 49ff schildert mustergültige Lehrer aus der Geschichte Israels. Jesus empfiehlt sich als weisheitlicher Lehrer ganz im Stil der Weisheit: (28) „Alle ihr, denen man Lasten und Bürden aufgeladen hat, kommt zu mir, ich will euch aufatmen lassen. (29) Lasst euch zum Dienst verpflichten durch mich, nehmt euch ein Beispiel an mir. Ich verzichte auf Gewalt und habe ein demütiges Herz" (Matthäus 11). Man sagt auch, der Lehrer müsse „authentisch" sein. Zugleich gilt, dass das unbewusst Aufgenommene weitaus stärker prägt als das ausdrücklich Vermittelte. Was sich überträgt, ist vor allem die Grundeinstellung des Lehrers oder der Lehrerin zu den Bildungsgütern.

Mühe und Geduld

Wer sich mit Jugendlichen beschäftigt, sollte nichts versprechen, sondern das Schwerste von ihnen fordern. Denn es gilt, wenn auch unbewusst, der Grundsatz, dass eine vitale Jugend lieber gibt, als dass sie nimmt. Ein weiterer Aspekt des Themas Bildung ist somit in der biblischen Weisheit, dass Bildung zu erwerben Mühe macht und dass Erziehung für beide Seiten bisweilen strapaziös ist. Dies ist der praktische Weg, auf dem Geduld, Aushalten und Durchhaltevermögen bedeutungsvoll werden. Denn der Weg vom Lernen zum Lernerfolg dauert oft Jahre. Was dazu nötig ist, hat man oft Askese genannt. Von daher gibt es auch einen Zusammenhang zwischen Weisheit und Leiden. Denn der Weise muss nicht nur oft auf Erfolg warten, er wird auch regelmäßig verkannt. Und seine Gegner machen sich diese zumindest zeitweilige Unscheinbarkeit der Weisheit rigoros zunutze. Freilich gilt von den bestimmenden Mehrheiten gegen Ende des 2.Jahrtausends, dass Begriffe wie Selbstbeherrschung, Bescheidenheit, Verzicht auf Wünsche, zu deren Verwirklichung die Mittel fehlen, nicht mehr vorkommen.

Impulse aus der Weisheitsliteratur: Dass man den Menschen im Rahmen weisheitlicher Bildung Geduld und Leiden zumuten mag, hängt mit einem anderen wesentlichen Punkt ihres Menschenbildes zusammen: Weisheit ist extrem zielorientiert. Nicht die Herkunft oder die Vergangenheit zählt – daher spielt auch die Geschichte Israels, selbst die Heilsgeschichte, überhaupt keine Rolle (Ausnahme: Weisheit Salomos 18ff). Gerade weil der Zusammenhang von Tun und Ergehen immer im Blick steht, ist allein das Ende entscheidend, und zwar das definitiv letzte Ende. Dabei hat sich in der Geschichte der Weisheitsliteratur selbst dieses Ziel stets weiter hinausgeschoben. Das Ziel ist in der älteren Weisheit der Erfolg einer Tat, also der Gewinn oder die Ernte, in der mittleren Weisheit ist es die Beständigkeit einer Ordnung, in Texten wie der Weisheit Salomos (1.Jh. v. Chr. oder n. Chr.) das unvergängliche, ewige Leben. Aber gerade diese Entwicklung des weisheitlichen Zielgedankens zeigt: Die Vergangenheit ist wesenlos, alles liegt an der Zukunft. Dem entspricht auch der eigenartige weisheitliche Gedanke, dass Zeit Raum wird: Zeit ist, wie wenn man einen Raum durchschreitet. Sie ist nicht etwas, das so oder so abläuft. Sondern sie ist gefüllt durch das, was einem darin begegnet oder wie man diese Räume „möbliert“ und dass man den rechten Ausgang findet.

Aktuell ist es ja so, dass die nachwachsende Generation deshalb orientierungslos ist, weil sie einer fast unkontrollierten Vielzahl verschiedenster Einflüsse ausgesetzt ist. Im Sinne der Weisheit kann man beklagen: Abhanden gekommen und wieder zu lernen ist die dualistische Unterscheidung zwischen Gut und Böse. Denn sie bedeutet jedenfalls – wenn auch überscharf (man muss nur an den Ausgang von Kinderbüchern und Wild-West-Filmen denken) – eine Orientierung.

Zumeist sprach man dagegen in der jüngeren Vergangenheit von gesellschaftlicher Bedingtheit des Bösen oder von der Möglichkeit, es sozialtherapeutisch zu entfernen. Ist es immer die schlechte Kindheit, die Menschen dazu bringt, böse zu sein? Oder gilt nicht vielmehr der Satz: Die Menschen, die Böses tun, sind nicht Opfer der Gesellschaft, sondern machen die Gesellschaft zum Opfer?

Orientierung an der Zukunft

Aktuell ist auch der oben schon gefundene Aspekt der Zukunftsorientierung: Die weisheitliche Bildung ist radikal exklusiv an der Zukunft orientiert, und zwar – im Unterschied zum kurzfristigen Konsum – an der Zukunft von übermorgen. Der weise und gebildete Mensch ist deshalb der, der warten kann, weil Zeit sich für ihn anders darstellt als für andere Menschen. Hier liegt der „Bildungsunterschied". Der weisheitlich Gebildete, der „Weise", orientiert sich für die Dimension der Zeit am Wachstum von Lebendigem, also von Menschen und Pflanzen. Für die anderen Menschen ist Zeit wie eine schnell verderbliche Speise, die vor ihrem Verfallsdatum hinuntergeschlungen werden muss. Der eine lässt wachsen, der andere verbraucht. Der Nicht-Weise ist am „schnellen Geld" interessiert, der Weise dagegen an der Solidität der Geldanlage. Daher spielt er nicht auf Risiko.

In unserer heutigen Gesellschaft scheint es dagegen so, dass es eine Zukunft, die über das Morgen hinausgeht, für den Einzelnen nicht gibt. Für die Parteien reicht die Zukunft jeweils bis zu nächsten Wahl. Deshalb werden die Parteiprogramme nur auf Wahlen hin neu formuliert und nicht an wirklich Wesentlichem – wie „Wahrheit" – ausgerichtet.

Machtzurücknahme und Demut – das ist der aktuellste Bezug aus dem Bild der biblischen Weisheit. Das heißt: Potenzielle Macht, die dem Weisen zukommen könnte, wird jetzt nicht beansprucht und nicht ausgespielt. Diese Haltung ist eine Konsequenz des Zeitverständnisses und des Prinzips des organischen Wachstums. Denn Zeit wird nicht durch

Dauer bestimmt, sondern durch Inhalt. Im Spiel der Macht erbringt „Demut“ eine Vorleistung. Damit lassen die weisen Spieler sich vom Optimismus leiten, der Gegenspieler werde einsehen, dass Arroganz dumm ist. Denn früher oder später muss Arroganz der bescheideneren Einsicht in die Realität weichen. Der Weise optiert dabei für das „früher“. Und wenn es heißt: „Die Weisheit erhöht die Niedrigen“ (Sirach 11,1), ist das Bild eines Weges im Blick. – Das Prinzip Vorleistung gilt in jeder Situation, in der es um Frieden oder Krieg geht. Jede Vorleistung in Richtung auf Frieden, erbracht in welcher Lage auch immer, verdient größten Respekt. Denn das Risiko, missbraucht zu werden, ist erheblich. Traditionelle Machtpolitik war zu Vorleistungen nicht fähig. Die friedliche Vorausleistung im Streit ist wohl die bedeutendste Leistung, die biblisches Weisheitsdenken erbringen kann.

Wie nun ist solche biblische Weisheit heute auch der Jugend zu vermitteln? Die Jugendarbeit etwa ist nicht nur ein politisches Problem, sondern auch die größte Verlegenheit der Seelsorge aller kirchlichen Gruppierungen. Grundsätzlich bestehen größte Zweifel hinsichtlich der Didaktik (viel Musik?) wie hinsichtlich der Inhalte (Anpassung). Daran, klassische Themen des Lebens aus dem Glauben weiterzugeben, denkt in der Regel niemand.

Nach Proverbien 1,4 ist die Weisheit dazu da, „den Unerfahrenen Klugheit zu geben, der Jugend Erkenntnis und Überlegung“. „Erspare nicht dem Knaben strenge Zucht, wenn du ihn mit der Rute schlägst, so stirbt er nicht“ (23,13). Im Mittelalter ordnete man der *sapientia,* der Weisheit, das Alter und den Rat zu, der Jugend die *fortitudo* – den Mut, die Tapferkeit – und die Tat. Wer regiert, muss beides in sich vereinen.

Praktische Konsequenzen: Ist es nicht so, dass sich eher schlichte Dinge leicht mitteilen? Die Liebe zum Gegenstand, auch die Liebe zur Natur, dazu, etwas zu erforschen, die Begeisterung bei der gemeinsamen Arbeit: Dass Jugendarbeit hauptsächlich in Spielchen bestehen müsste, glaube ich nicht. Jeder kennt Lehrer oder Lehrerinnen, die als Vorbilder unvergesslich sind …

7 Medien

Die Bilder, die uns über das Fernsehen erreichen, haben eine eigene Macht, die man nicht unterschätzen darf. Sie konstruieren und konstituieren Politik zu einem ganz erheblichen Teil mit. Wenige große Medien beherrschen die Öffentlichkeit. Sie üben eine fast totale Macht der Beeinflussung aus, und alle Nicht-Fachleute sind auf Gedeih und Verderb auf sie angewiesen. Einige Giganten teilen die Presselandschaft unter sich auf. Die Macht der Redakteure ist alles andere als demokratisch legitimiert. Innerhalb der Gruppierungen herrscht eine fast leninistische Kader-Disziplin. Es ist außerordentlich schwierig, diesen Menschen etwas vom Ethos der Verwaltung der Medien beizubringen. Die meisten verwechseln das Ethos im Umgang mit der Wahrheit mit Unternehmens-Disziplin. Die Grundfrage ist daher schon mit dem Problembewusstsein gegeben.

Impulse aus der Weisheitstradition: Die aristokratischen Träger und Adressaten der Weisheitstexte sind ein Kreis von Gebildeten mit hoher Permeabilität, das heißt mit intensivem geistigen Austausch und reger Kommunikation. Es bleibt nichts lange verborgen, was privat oder öffentlich wichtig erscheint.

Die Weisheit selbst als kulturelle Gattung lebt ausschließlich vom Wort. Sie wird allein durch das Wort vermittelt (*solum verbum*). Daher ist sie auf „ordentliche" Kommunikation angewiesen wie keine andere kulturelle Größe. Zugleich will sie den Bereich der Kommunikation reinigen, disziplinieren, korrigieren und durch eigenes Vorbild steuern, nicht zuletzt aber auch veredeln und bereichern.

In der „Weisheit" wird aus diesen Gründen zum ersten Mal in der Geschichte die fast totale Macht bedacht, die die Medien ausüben. Dass es sich technisch vorerst nur um das gesprochene, bzw. das gesungene Wort handelt, ist für die Sache ohne Belang. Wenn alle Gemeinschaft der Menschen wie ein orientalischer Basar ist, dann sind die Worte die Münzen.

Die fast totale Macht der Worte gilt besonders in negativer Hinsicht: in der „Zerstörung einer Stadt“ und in der Zerstörung einer einzelnen Existenz.

Zur sozialen Flächenwirkung des Wortes gehört auch, dass es sich leicht verselbständigt, sobald es den Mund des Urhebers verlassen hat. Daher gilt der Grundsatz „Wie ein Vogel ist das Wort“[1].

In den Widerworten ist das Wort die einzige, wenn auch sehr begrenzte Möglichkeit für normale Menschen, dem Herrscher zu widersprechen. Schon sehr früh hat man hier einen klassischen „Sitz im Leben“ wahrer, mutig geäußerter Wahrheit gesehen. Und im Neuen Testament scheinen Widerworte vor den Mächtigen als durch den Heiligen Geist oder durch Jesus inspiriert.

Die Worte der Weisheit richten sich nicht an Gott, sondern an Menschen. Aber gerade deswegen hat sie Anteil an allen möglichen Fehlern des Menschen. Und daher gibt es in ihr besonders oft die Warnung vor Lügen und falschem Zeugnis, die Diskussion über Schweigen zur falschen oder rechten Zeit und die Reflexion über die Bedeutung von Worten vor der Volksversammlung. Denn das, was man sagt, begründet wie nichts anderes das Ansehen voreinander.

Weisheit durch das Wort, das Ethos des öffentlichen Redens und das kostbare Ansehen des Handelnden beziehungsweise des Redenden hängen aufs engste miteinander zusammen. Wenn dieser durch dumme oder falsche Worte sein

---

1 „Das geäußerte Wort ist ein lebendiger Bote, es ist zielstrebig und frei, leicht und nicht gut gefangen zu setzen, es ist eine eigene Wirklichkeit und sucht seinen eigenen Weg, nur ausnahmsweise kehrt es zum Ursprung zurück. Nur scheinbar planlos bewegt sich der Vogel, in Wirklichkeit eilt er seinem Ziel zu.“ (aus: K.Berger, Wie ein Vogel ist das Wort, Stuttgart 1987, 7).

Ansehen verscherzt, macht die Weisheit ihm deutlich, dass er dringend ihrer bedarf.

Kohelet 7,21 meint: „Nimm auch nicht zu Herzen alles, was man da sagt". Und im Jakobusbrief 3, 1ff steht: „Liebe Brüder und Schwestern! Nicht zu viele von euch sollten Lehrer werden. Denn wir Lehrer – ich bin ja auch einer – werden im Gericht strenger beurteilt als andere. Wir alle machen immer wieder viele Fehler, denn es gehört schon sehr viel dazu, mit seinen Worten nie einen Fehler zu machen. Das kann nur, wer seinen ganzen Leib fest im Zaum hält. Bei den Pferden machen wir das so: Wir legen ihnen die Kandare ins Maul, damit sie uns gehorchen, und so können wir ihren ganzen Körper lenken. Oder nehmen wir zum Beispiel die Schiffe: Sie sind so riesengroß und werden von starken Winden getrieben, doch mit einem ganz kleinen Ruder werden sie gelenkt, wohin der Steuermann fahren will. So ist auch die Zunge ein kleines Körperglied, doch sie bringt große Worte hervor. Aber auch ein kleines Feuerchen kann ja einen ganzen Wald in Brand setzen. Und die Zunge ist ein Feuer, weil sie die ganze Bosheit des Herzens nach außen kehren kann. Die Zunge ist ein Glied unseres Leibes und kann dem ganzen Leib Schaden zufügen. Sie ist am Höllenfeuer entzündet worden und setzt das ganze Rad des Lebens in Brand. Alle Tiere, Raubtiere und Vögel, Kriechtiere und sogar Meerestiere kann der Mensch zähmen. Nur des Menschen Zunge kann niemand bändigen. Sie ist ein unbeherrschbares Verhängnis, voll von tödlichem Gift. Mit der Zunge können wir zwar unseren Gott und Vater lobpreisen, mit den Zunge können wir aber auch die Menschen verfluchen, obwohl Gott sie nach seinem Bild geschaffen hat. So können Segen und Fluch aus demselben Mund kommen. Doch das darf nicht sein. Es kann doch nicht aus einer Quelle erquickendes und brackiges Wasser hervorsprudeln. Ein Feigenbaum bringt keine Oliven hervor, ein Weinstock keine Feigen, eine Salzquelle kein Süßwasser."

Der Gattung nach liegt hier eine sogenannte Priamel vor, ein Text also, der nach dem Höchstwert oder nach dem Mächtigsten fragt. Hier geht es um die Macht der Zunge, die zudem ambivalent ist.

Die Wortlastigkeit der Bildung

Die Weisheit ist zutiefst auf das Wort bezogen. Und die Wortlastigkeit der biblischen Religion hat nicht zuletzt darin ihre Ausprägung gefunden, dass weisheitliche Belehrungen neben die prophetischen Predigten traten. Martin Luther schrieb 1534 in seiner Vorrede zum Buch der Proverbien: „… sein täglich Handbuch oder Betbuch halten und oft darinnen lesen und sein Leben darinnen ansehen“[1].

Die weisheitlichen Texte wissen um die Ambivalenz der Worte: „Der beste Teil der gottverliehenen Weisheit ist das Wort“ (Pseudo-Phokylides 129), „durch den Mund der Gottlosen wird eine Stadt niedergerissen“ (Proverbien 11,11), „je mehr Worte, desto mehr Eitelkeit“ (Kohelet 6,11) oder „Gewiss, ist nicht ein gutes Wort noch besser als die Gabe? Doch beides ziert den Mann, der Gutes tut“ (Sirach 18,17).

Ein Geschäft auf Leben und Tod

‚Der Tod ist der Preis für die Wahrheit‘, so steht es auf einem Plakat, das am 7.4.2007 in Moskau, auf den Tag genau sechs Monate nach der Ermordung der Journalistin Anna Politkowskaja, aus der versammelten Menschenmenge hochgehalten wurde. Öffentliches Handeln und Politik haben viel öfter mit dem Tod zu tun als es bekannt ist. Die Diktaturen des 20. Jahrhunderts haben insofern den Heiligenkalender der Kirche

1 M. Luther: Die gantze heilige Schrift, 1534, z.St.

kräftig aufgefüllt. Denn die Diktatoren haben es immer gespürt, wer gegen sie gerichtet ist. Die für den Staat lebensnotwendige Lüge wird immer wieder durchkreuzt von Menschen, die für die Wahrheit ihr Leben riskieren. Die Wahrheit braucht Menschen, die sie bezeugen. Das kann tödlich enden. Aber das Märtyrer-Gedächtnis der Menschen ist so eingerichtet, dass die Namen derer nicht vergessen werden, für die die Lüge von Staats wegen scheußlich und menschenverachtend ist. Jeder Politiker sollte damit rechnen, in diese Lage zu kommen. Er oder sie sollte sich fragen: Bin ich wirklich bereit, mein Leben gering zu achten, wenn ein ganzes Volk dauerhaft belogen wird?

Das Gesetz schützen

Vom Anfang der Geschichte der jüdisch-christlichen Martyrien grüßt ein Satz aus dem 4. Makkabäerbuch 7,8: „So müssen sie sein, die öffentlich Tätigen (griechisch: *demiurgountas*), mit eigenem Blut und edlem Schweiß im Leiden bis zum Tod das Gesetz beschirmen." Das gilt von den makkabäischen Märtyrern, also von Eleazar, der Mutter und den sieben Kindern. Von Eleazar hieß es im Satz zuvor: „O der du mit dem Gesetz harmonisch zusammenklingst, Philosoph eines göttlichen Lebens." Die Alte Kirche wird sich anlässlich des Martyriums ihrer Blutzeugen gerne an den Tod des Philosophen Sokrates erinnern. Und weil das jüdische Gesetz zweifellos vom Schöpfer der Welt stammte, konnte man im Angriff gegen das jüdische Gesetz einen Angriff gegen Gott sehen. Wer so sein Leben verlor, der gab es gewissermaßen Gott selbst. Und durfte sicher sein, es auch von Gott zurückzubekommen. Es geht daher hier nicht um Religionsausübung im stillen Kämmerlein oder um die Erlaubnis zum Beten im Winkel. Es geht um die öffentliche Geltung von Gottes Gebot. Und da der Märtyrer sein Leben von Gott hat, ist er bereit, seinem Gott dieses Leben zurückzugeben, wenn man diesen Gott im öffentlichen Leben nicht ehren will. Bewegend ist die Einsicht, dass das Gesetz Schutz braucht. Es kann sich selbst nicht helfen. Die Pflanze der Gerechtigkeit ist schwach, sie braucht Schutz durch Leiber und das Leben von Menschen. So wie Menschen im eisigen Wind eng zusammenstehen, um ein zartes Pflänzchen zu schützen, das mitten unter ihnen steht. Werte der Gemeinschaft brauchen immer Schutz, da Gemeinschaften leicht zerbrechlich sind. Schon im Neuen Testament werden deshalb Gemeinschaften deutlich sorgfältiger geschützt als Individuen. Das zu betonen ist auch politisch relevant.

Es wurde bereits darauf hingewiesen, dass das Neue Testament für den Fall, dass die Gemeinschaft selbst gefährdet ist, nicht Barmherzigkeit, sondern rigorosen Ausschluss aus der Gemeinschaft empfiehlt. Das bedeutet nur: Im frühen Christentum werden nicht Prinzipien starr befolgt, sondern es gilt die Priorität der zu bewahrenden fragilen Gemeinschaft (Matthäus 18 und 1 Korinther 5).

Aus diesen beiden Fällen ergibt sich eine aktuelle Konsequenz: Eine Gemeinde oder eine Kirche, also ein Gemeinwesen unter Menschen, ist nicht allein mit Barmherzigkeit zu regieren. Sondern es gilt, dass, ehe die Gemeinde oder das Gemeinwesen zerstört werden, mit ausschließender Härte zu handeln ist. Es gibt eine Stunde der Barmherzigkeit und der Nachsicht. Und es gibt eine Stunde, in der Gesetz und Gemeinschaft zu schützen sind vor maßlosen Übergriffen.

Sowohl im Fall Anna Politkowskaja wie auch in 4 Makkabäer geht es um Themen der Weisheit wie Wahrheit und der Schutz des Gesetzes. Weisheit ist hier kein belangloses Treiben, das man auch unterlassen könnte. Die Weisheit, um die es hier geht, schützt vor der heillosen Korruption durch Lüge. Denn wenn öffentlich gelogen wird, kann niemand mehr helfen. Weisheit schützt das Gesetz und damit die Gemeinschaft vor all denen, die sie zerstören wollen. Denn Gesetz und Gemeinschaft sind zerbrechliche Institutionen.

8 Schluss

Plädoyer für eine Kulturrevolution

Wie eine Kultur zugrunde geht

Wie und warum eine Kultur zu Ende geht, „auf der Strecke bleibt", darüber wissen wir recht genau Bescheid – unter anderem auch aus dem Neuen Testament. Höchst eindrücklich und sinnlich beschreibt der Seher Johannes das Ende der römischen Leitkultur in Offenbarung 18: „Keine Lampe wird mehr brennen, kein Brautpaar wird mehr juchzen in dir ... Da hob ein starker Engel einen Stein auf, schwer wie ein Mühlstein, und warf ihn ins Meer mit den Worten: So wird Babylon fallen, die große Stadt, und sie wird untergehen." So sieht vor fast 2000 Jahren der Seher Johannes das Ende einer Zivilisation. Ein Mühlstein wird ins Wasser gerollt. Der Seher Johannes sagt auch, was fehlt: Die Brautleute werden nicht mehr juchzen, es fehlt ihnen schlicht an Lebensfreude und Vitalität.

Und wir erfahren auch, wo die Vitalität aufgebraucht wurde. Dieser römische Staat, so sagt der Seher, ist verlebt, und zwar durch „Hurerei". Also durch ein erotisches Verhältnis zum Geld, zu Luxus und zu seelenlosen Beziehungen, inklusive der Ausbeutung von Frauen. Der Seher schaut diese morbide, todgeweihte Zivilisation im Bild einer Prostituierten. Weil er weiß, dass diese Gesellschaft wesentlich von der Ausbeutung von Frauen lebt, die alles tun müssen, damit mehr Geld in die Kasse kommt: Kinder bekommen, Kinder erziehen, Geld verdienen, Gäste bewirten, Wäsche waschen, die Männer erfreuen. Achten wir darauf: Eine solche Gesellschaft lebt immer auf Kosten der Frauen. Sie sind die wahren Sklavinnen, verführt durch die Ideologie des Profits. Und wenn heute in einem Teil der Christenheit sexuell Verirrte jeder Art in Bischofsämter gewählt werden und Zeichen für die Kirche sein sollen, so scheinen mir diese Lasterkataloge direkt aus der Apokalypse entlehnt.

Das positive Gegenbild

Am positiven Gegenbild kann der Seher Johannes dann auch zeigen, was Ursache für das fehlende Juchzen ist: die fehlende Vision, der Mangel an gemeinsamer Zukunft. Er zeigt es am Bild des himmlischen Jerusalem. Es ist wie bei einem Radleuchter in der Vierung eines romanischen Doms. Ein großes Rad mit zwölf Tortürmen, eine große, herrliche Stadt, so groß wie die damals bekannte Welt, mit offenen Toren, erfüllt von Licht, ohne Feinde, mit Lebensbäumen und ausreichend Wasser in der Mitte. Eine menschenfreundliche, große Stadt. Eine Stadt, in der Gott mit den Menschen wohnt. Offen für alle Völker der Erde. Eine Stadt der Gerechtigkeit und des Friedens, in der Gottes Gebot gilt. Nicht irgendwelche frommen Sprüche, sondern das Bild dieser lichterfüllten großen Stadt steht uns vor Augen als Bild der Hoffnung. Es ist genau die Ordnung, die nicht einengt, sondern die wir jetzt schon spüren, wenn wir unseren Tag zum Beispiel durch die heilvolle Ordnung des Stundengebets gliedern lassen. Ein Stück Gnadenordnung und Gemeinschaft mit den Engeln.

Gegenbild zum perversen Luxus, der in Offenbarung 18 geschildert wird, sind vor allem Jesu Umgang mit Kindern und seine Worte gegen die Ehescheidung. Denn in Apokalypse 17–18 gibt es keine Kinder, und die Identifikationsfigur für Rom ist die „große Hure“, für die Ausbeutung aller, nicht aber eine stabile Verbindung, die einzige Konstante ist.

Im Unterschied zu jeder anderen Religion stellt Jesus die Kinder ins Zentrum. Denn sie müssen alles von anderen erwarten, sie können bitten und danken und vor allem sich selig freuen. Wer weiß noch davon? Dass Jesus die Ehescheidung nicht will, erfahren wir gleich fünfmal aus dem Neuen Testament. Kaum einer hat je gefragt, warum das so ist. Fast alle erklären, Jesus habe zu wenig von der modernen Ehe verstanden und man müsse solche Worte daher historisieren. Doch Jesus sieht sich selbst als Bräutigam des neuen Gottesvolks. Er erneuert damit das alte Bild der Ehe zwischen Gott und seinem Volk. Doch wenn die Menschen und besonders die Kinder kein Anschauungsmaterial in der Ehe ihrer Eltern haben, können sie gar nicht verstehen und glauben, dass Gott seinem Volke treu sein wird. Und wir fragen: Bewahrt Treue – in welcher Hinsicht auch immer – eine Kultur vor dem Untergang? – Antwort: Der Verfall von Ehe und Familie ist mehr als nur Bild oder Symptom für eine untergehende Kultur, er ist Teil dieses Untergangs selbst.

Dieser Zusammenhang besteht deshalb, weil sowohl Sexualität als auch Besitz als auch der Glaube an Gott den Menschen ganz vereinnahmen, sein Herz erfüllen und seine Kräfte absorbieren können. In der Weisheit ist das die Alternative Gott oder Götzen.

Leben für sich behalten: Sünde schlechthin

Das alte Rom ist wegen seiner Sünde gefallen. Wie ein Mühlstein. Was ist Sünde? Die Alte Kirche sagt es immer wieder: Sünde entsteht aus Traurigkeit, aus dem bodenlosen Jammern. Es gibt eine Traurigkeit, die zur Umkehr führt, zum längst fälligen Umdenken. Und es gibt eine andere Traurigkeit, die depressiv und haltlos macht. Sie führt dazu, dass uns selbst Gottes Gebote egal sind. Was ist eigentlich Sünde? Das Beispiel vom Gleichnis vom unbarmherzigen Sklaven nach Matthäus 18 zeigt: Dieser Sklave hat die Vergebung, die er selbst empfangen hatte, nicht an seinen Mitsklaven weitergegeben. Ich verallgemeinere: Sünde begehen wir immer dann, wenn wir das, was wir empfangen, nicht weitergeben. Das Leben, die Vergebung, die Freude. Wenn wir sie also nicht weiterreichen, sondern in uns versickern lassen. Eine Kardinalsünde dieser Zeit ist es, das Leben, das wir empfangen haben, nicht weiterzugeben. Die systematisch gewollte Kinderlosigkeit ist Sünde schlechthin[1]. Nicht gemeint ist hier ungewollte Kinderlosigkeit und das Leiden darunter. Aber wo die Generationenkette einfach aufhören muss, versickert das Leben in sich selbst. Wir tun so, als gehöre es nur uns, als wäre es Privateigentum, über das wir verfügen können. Nein, unser Leben ist uns geschenkt. Und es ist dazu da, weitergereicht zu werden an Kinder und Enkelkinder. Jeder Lehrer weiß: Weiterreichen geschieht nicht nur durch leibliche Kinder. Auch in der Weisheitsliteratatur der Bibel sind nicht die leiblichen Väter die Lehrer. Wer das Leben in sich versanden lässt, bestraft sich selbst; er nimmt sich systematisch die Freude an Kindern und Enkeln. Es ist wie eine Selbstbestrafung. Sünde heißt: das Empfangene nicht weitergeben. Und es gibt nicht nur die Freude des Beschenkten, sondern auch die Freude des Schenkers. Die Seligkeit des Gebers. Dafür gibt es ein schönes Jesuswort außerhalb der Evangelien: Nicht wer nimmt, sondern wer gibt, ist selig. Warum ist das so? Es ist die Freiheit des Schenkenden, die der Geber spürt, und es ist die Freude über die strahlenden Augen dessen, der beschenkt ist. Es ist ein Stück Seligkeit, zu spüren, dass ich die Ursache für strahlende Augen bin. Wie kann man überhaupt wieder Geschmack an dieser Freude finden? Indem man selbst spürt, wie man befreit wird. Indem man selbst neu anfangen darf. Für mich ist jede Beichte, auch wenn der Beichtvater nicht viel Zeit hat, ein frühlingshafter Neubeginn mitten im Leben.

Kulturrevolution

Die Kultur Roms ist gestorben. In dreißig Jahren wird Deutschland vermutlich ein muslimisches Land sein: In manchen Orten Deutschlands stammen bis zu drei Viertel der heute geborenen Kinder aus muslimischen Familien. Dagegen besuchen

---

1 Ich meine hier gewiss nicht die ungewollte Kinderlosigkeit, und von der vorhandenen nur die prinzipielle.

im Bundesdurchschnitt zwei bis drei Prozent der Bevölkerung die christlichen Kirchen. Der Papst hat die Abtreibungspraxis und die Familienpolitik der westlichen Nationen eine „Kultur des Todes" genannt. In diesem Sinne rufe ich zu einer Kulturrevolution auf. Ich nenne das Notwendige mit diesem anspruchsvollen Wort, um es nicht den Maoisten zu überlassen. Denn Christentum zeigt sich immer in Symbiosen mit Kulturen. Und „Revolution" nenne ich den Vorgang, weil es sich um einen radikalen Einschnitt handeln müsste. Als Neutestamentler bin ich Anwalt evangeliumsgemäßer Radikalität. Auch deshalb spreche ich von Revolution, weil nichts von dem, das wir schon haben, dazu ausreichen wird. Besitzstandwahrung allein genügt nicht.

Weder die Verfassung der Bundesrepublik Deutschland noch „Werte" noch Geld werden das erreichen, was dringend notwendig ist.

Die Verfassung reicht nicht

Selbst der hehrste Satz der Verfassung „Die Würde des Menschen ist unantastbar" ist unzureichend, wenn niemand da ist, der für die Würde des Menschen einsteht. Der sie im Zweifelsfall rettet. Zum Beispiel konnte aller Verfassungspatriotismus gegen den verbreiteten Grundsatz „je schwächer, desto weniger Mensch" nichts ausrichten. Im übrigen kennt die Bibel keine Menschenrechte, sondern nur Verpflichtungen vor Gott. Auch dieses ist eine Soll-Bruchstelle mit vielen CDU-Juristen. Denn bei einer nur positivistischen Lektüre von Menschenrechten ist der Widerstreit unauflösbar zwischen dem Menschenrecht der Mutter (auf Selbstbestimmung) und dem Menschenrecht des Kindes (auf Leben). Nein, wir gehören nicht uns selbst. Und daher ist uns gesagt (von Gott), was zu tun ist, und wir dürfen es nicht selbst per Mehrheitsbeschluss festsetzen oder ändern.

„Werte“ helfen nicht
Der „Glaube“ an „Werte“ und das häufige Reden darüber helfen nicht, weil das Gute und Wahre, weil Gerechtigkeit und Tapferkeit niemanden begeistern und wecken können. Personen könnten überzeugen, jedoch nicht Werte. Daher hat der verstorbene Papst so viele Menschen selig- und heiliggesprochen wie keiner seiner Vorgänger. Er war der Überzeugung, dass jede Kirchenprovinz ihre Vorbilder brauche.

Werte sind – leider – auch nicht schön. Ihnen fehlt das Ästhetische. Es bedurfte schon eines Meeres von schwarz-rot-goldenen Fähnchen, um während der Fußballweltmeisterschaft 2006 einen Hauch von Vaterlandsliebe in uns zu wecken. Ein abstrakter Wert kann dies nicht schaffen, dazu gehört schon eine Mannschaft.

Nein, es werden nicht Werte sein, wie manche Parteien denken. Und Christen bieten nicht Werte an, sondern es geht um Personen und Gebote. Jesus und Paulus vermittelten nicht Werte, sondern sie lebten und litten für das Volk Gottes. Das Evangelium von Sündenvergebung und Auferstehung meint eine Geschichte dramatischer Begegnungen Gottes mit den Menschen – nicht aber Werte wie Sparsamkeit und Tapferkeit. Aus dem Glauben ergeben sich bestenfalls nicht Werte, sondern Lebens- und Überlebensregeln, also Gebote im Rahmen verbindlicher Gemeinschaft. Diese Gebote stehen zwischen Sünde und Verheißung. Wenn man daraus Werte ablöst, handelt man nach einem Steinbruchverfahren, und es kommen sogenannte Säkularisate heraus. Übrig bleiben dann Personwürde, Menschenrechte, Friedensethik, Sozialethik – immerhin. Hier handelt es sich also günstigstenfalls um Auswirkungen oder Fernwirkungen des Christentums. Doch Werte haben nicht von sich aus die Kraft, sich durchzusetzen. Sie haben diese Kraft immer nur aus einem lebendigen Glauben an Jesus heraus gehabt, aus unverbrüchlicher Hoffnung und großer, dankbarer Liebe.

Auch aus der Kraft, die daher rührt, dass das Christentum keine Philosophie ist, sondern dem Wesen nach Kirche, in der einer dem anderen das Wort der Vergebung zusagt und einer den anderen stützt.

Aus dem Neuen Testament kommt eine radikale Anti-Weisheit, sie heißt Kreuzestheologie. Sie ist die gründlichste Abschaffung aller „staatstragenden Werte". Sie ist kein Weg, sich in der Welt beliebt zu machen, aber sie ist ein Weg zum Frieden. Unter Kreuzestheologie verstehe ich hier den besonderen Weg von 1 Korinther 1. Demnach stiften die Prestige-Werte wie Macht, Geld, Adel, Schönheit und Wissen immer nur Neid und Unfrieden. Das Kreuz dagegen ist ein Symbol der Schande. Wer sich in diesem Zeichen wiedererkennt, verzichtet auf alles, was Ruhm bringt und Neid – und wählt damit den Weg des Friedens.

Auch Geld hilft nicht

Die Politik möchte heute Menschen mit Geld zum Kinderkriegen bewegen. Meine radikale These lautet: Politiker, behaltet das Geld! Denn der Wunsch zum Kind ist doch nicht mit Zahlungen zu erreichen.

Die kostspielige Illusion der Politiker besteht in der aberwitzigen Meinung, die Lust auf mehr Kinder, auf Ehe und Familie überhaupt ließe sich durch Geldversprechen erzeugen. So entsteht doch nur die Meinung: Wenn man soviel Geld dafür bekommt, dann muss es sich um eine verflixt unangenehme Sache handeln. Der Dienst am Geld, die Hingabe an das Geld waren gerade die tödliche Faszination, die zum Untergang Roms führte. Wie will man mit demselben Mittel heilen, das doch zum Untergang führte? Im erotischen Verhältnis zum Geld liegt der ganze Jammer unserer sterbenden Kultur. Denn Liebe zu Kindern und zur Familie ist nicht mit Geld zu kaufen und nicht durch finanzielle Bestechung zu erwirken. Gerade deshalb hat Jesus, der das Geld für ungerechten Mammon hält, sich den Kindern so zugewandt.

Jede Interessengruppe schreit nach Geld. Wenn die Menschen, die Kinder wollen, zuallererst um Geld schreien, werden sie mit Interessenverbänden verwechselbar. Aber hier geht es doch nicht um eine Lobby, sondern um das Ganze. Und ich spreche dabei von Kulturrevolution, weil sie einen Mentalitätswandel voraussetzt, der zunächst einmal nicht primär finanzielle Interessen verfolgt. Dabei möchte ich ausdrücklich darauf hinweisen, dass ich sehr wohl für Gerechtigkeit bin und der letzte wäre, der eine Ordnung verteidigt, in der Kinder zu haben Zwangsarmut bedeutet. Alles andere wäre ganz gewöhnlicher Zynismus.

Natürlich kann sich die hier vorgeschlagene Kulturrevolution nicht im Kinderkriegen erschöpfen. „Weitergabe empfangenen Lebens" bezieht sich nicht nur auf die biologische Weitergabe, sondern auch auf jede Art von Vermittlung der empfangenen Kultur.

Schritte der Kulturrevolution

Es sind nicht große Töne, sondern drei oder vier ganz schlichte Dinge, die zu dem notwendigen Wandel führen könnten. Erstens: eine neue Schlichtheit oder zweite Naivität. Schon im Alten Rom war der größte Luxus verlangt, wie der prunkvolle Warenkatalog in Offenbarung 18 belegt. Andererseits ist die Alternative nicht Ernst Wiecherts Programm „Vom einfachen Leben"[1]. Gibt es einen Weg zurück zum Lebensmut in einer sterbenden Kultur? Vielleicht hilft eine zweite, eine neue Naivität.

Vielleicht heißt das: Freude an dem zu haben, was auch schon früher als normal galt, zum Beispiel an Kindern, zwei bis drei Kindern, danach wieder am Berufsleben der Mutter. Freude an den Jahreszeiten und an Festen. Mehr ist nicht immer mehr: Ein etwas bescheideneres Leben zu schätzen, wäre ein erster Schritt.

Ein zweiter Schritt wäre: Gefühl, Herz und Sehnsucht als

---

1 E.Wiechert: Das einfache Leben (Roman), 1939

wichtige Themen wiederentdecken und nicht dem Zufall überlassen. „Intelligenz kommt über das Gefühl" (Christa Meves). Eine Gefühlskultur, in der Lieder und Gedichte, Sehnsucht und auch die Stimmung einer Sommernacht ihren selbstverständlichen Ort haben. Der Mut zu sagen, zum Beispiel, dass man Waldeinsamkeit liebt. Wenn man heute durch die Wälder geht, dauert es oft buchstäblich Tage, bis man einem Menschen begegnet. Im bischöflichen Waldgebiet Wohldenberg bei Hildesheim hatte vor 200 Jahren ein Prälat den Mut zu der damals wie heute „unkorrekten" Inschrift: solitudo sola beatitudo – Einsamkeit ist wahre Seligkeit.

Und ein dritter Schritt wäre das Ersetzen der schlechten, anonymen Kopie durch das persönliche Original. Aus einiger Entfernung wird man vermutlich sagen: Wir haben in einem Kopier-Zeitalter gelebt. Nichts mehr ist einmalig und nur gerade hier und jetzt zu tun. Man kopiert Schafe und versucht, Menschen zu klonen. Nicht die authentische Erfahrung, sondern die Kopierbarkeit zählt. Doch durch Kopien wird alles stets noch anonymer.

Die Offenbarung des Johannes bringt es ans Licht. Das Böse besteht immer in der vom Original kaum oder nur unter der Mühsal des Martyriums zu unterscheidenden Differenz vom Original. Das heilsame Original und der tödliche Schein liegen immer nahe beieinander: Bekenntnis oder *correctness*, Christusglaube oder Kaiseranbetung, Jugendbewegung oder Nazis, Achtung der Mutterschaft oder Rassenwahn. Der kleine, feine Unterschied ist der zwischen Wahrheit und Schein. Zwischen der Anonymität des Kopierens und der authentischen Weitergabe liegt die personale Verantwortung. Die Vorbehalte des gegenwärtigen Papstes gegen anonyme Konferenzen statt der persönlichen Verantwortung des einzelnen Zeugen sind hierin begründet.

Die Bibel sagt: Der Mensch ist„Bild Gottes" (*imago*), von der Kopie kaum zu unterscheiden. Oder etwa doch – durch Freiheit und Liebe?

Und ich füge als Viertes hinzu: Eine Revolution der Kultur wäre es, wenn man nicht mehr nur aus Muss und Soll und Pflichtgefühl, auf Druck und Angst hin handelt, sondern weil man fasziniert ist von der Schönheit der Ordnung. „Leben aus dem Glanz der Ordnung" würde ich ein Verhalten nennen, das sich leiten lässt von der unbedingten Faszination der Schöpfung und des himmlischen Ziels, das wir erwarten.

Gegenöffentlichkeit

Das letzte Gegenbild zur trostlosen Stadt von Offenbarung 18 liefert wiederum die Offenbarung selbst: Es ist die Gottesdienst feiernde Gemeinde. Erik Peterson hat das eindrücklich dargestellt[1]. Liturgie kann Gegenöffentlichkeit sein. Wenn Christen in der Welt mit ihren Überzeugungen bestehen wollen, brauchen sie Kraft und ein starkes Widerlager. Dass Liturgie schön ist, dass der Glaube in einem Fest gefeiert wird, dass der Gottesdienst mit der Herrlichkeit der Gnade zu tun hat, all das gibt der Gegenöffentlichkeit ihre Stärke. Denn nirgendwo anders als im Gottesdienst wird der Anspruch eines Königs angemeldet, der nicht „gehen" wird, sondern kommt.

Praktische Konsequenzen: Die Zehn Gebote entstammen nicht nur der Offenbarung am Sinai, sondern sie sind gleichzeitig Summe und Quintessenz der Weisheit der umgebenden Völker. Die Gebote der Bibel gründen auf der Lebensweisheit von Jahrtausenden. Diese „Weisheit des Ostens" zeigt sich schon in den ältesten sumerischen Tafeln und in ägyptischen Texten. Die Bibel erkennt auch darin Gott und lässt sich diese Weisheit in der Offenbarung neu schenken und legitimieren. Daher rühren die Zukunftschancen dieser Gebote. Denn was sich seit Jahrtausenden bewährt hat, das wird auch morgen nicht anders sein. Die Annahme, alles habe sich so rasant

---

1 E.Peterson: Von den Engeln, in: Theologische Traktate (Hg. B. Nichtweiß), Würzburg 1994, 195–243

verändert, ist eher das Klischee von Sonntagsreden. Bei der Ethik ist nicht die Frage der Zeitgemäßheit entscheidend, sondern ob ein Mensch seine Anlagen entfalten und glücklich werden kann.

Zur Lebensweisheit der Völker gehören auch Tabuvorstellungen, etwa über die Heiligkeit der Anfangs- und Schlussphase des Lebens. Die Regeln, nach denen man Entscheidungen über Embryonen und Menschen in Todesnähe trifft, sind nicht kausal naturwissenschaftlich zu begründen, sondern nur weisheitlich. Speziell das Neue Testament kennt eine sehr radikale Ethik der Nachfolge Jesu und der Kreuzestheologie des Apostels Paulus. In beiden Fällen geht es um eine Ethik der Zurücknahme der Macht. Beide Ansätze sind sich darin einig: Nur so kann Frieden erreicht werden.

Typisch neutestamentlich ist auch die Aufforderung Jesu, den „Kampf ums Dasein" von der Geschäfts- und Konsumebene zu verlegen auf die Sinnebene. Die Auffassung von der Personwürde des Menschen ist untrennbar verankert in der Auffassung von der Personalität Gottes. Der christliche Personbegriff hat sich überhaupt erst nachbiblisch im Rahmen der Diskussion um Gottes Personalität (Dreifaltigkeit) entwickelt. Diese christliche Konzeption besagt: Der Mensch ist Person von Anfang an. Man kann das nicht kausal beweisen, aber der Personbegriff hat das auf einen Nenner gebracht, was längst zuvor die Überzeugung aller Völker war. Auch in griechischen Mysterienvereinen, die besonders konservativ waren, galt Abtreibung als Verbrechen. Für die Frage des Schwangerschaftsabbruchs kann als Ergebnis dieser Tabugeschichte – und Tabu heißt: der Mensch muss hier im Wirkbereich Gottes seine Hände aus dem Spiel halten – also gelten: Jeder Zeitpunkt, den man für das Person-Werden nach dem Embryonalstadium annähme, wäre gleichermaßen willkürlich bestimmt. Daher plädiere ich mit anderen Moraltheologen für das Prinzip Vorsicht, das den Embryo „wie" einen Menschen behandeln will, statt seine „Kontinuität" irgendwann zu unterbrechen.

Die Bibel als Quelle für die „Menschenwürde“

Nach unterschiedlichen Statistiken sind etwa siebzig Prozent der Befragten in der Bundesrepublik der Meinung, dass Menschenwürde und Grundrechte auch auf „die Bibel“ zurückgehen. Von denen, die das annehmen, wussten acht Prozent zu sagen, dass der Mensch nach Gottes Bild geschaffen sei. Andere Angaben konnten nicht gemacht werden. In der Tat ist Genesis 1,27 („Gott schuf den Menschen nach seinem Bild und ihm ähnlich. Männlich und weiblich schuf er sie“) der einzige bewusste Bezugspunkt. Der verwandte Psalm 8 ist unbekannt, Stellen aus dem Neuen Testament können nicht genannt werden. Und selbst als „Fachmann“ für das Neue Testament kann man nur die entlegene Stelle Jakobusbrief 3,9 nennen. Das ist angesichts der angeblichen Bedeutung des „christlichen Menschenbildes“ für Europa und mit Blick auf das Gerede über „Grundwerte“ und „Grundrechte“ äußerst wenig.

Das Bild wird keineswegs günstiger, wenn wir Genesis 1,26 selbst ansehen. Handelt es sich um ein Missverständnis?

Die Erschaffung des Menschen

Die wichtigsten Auslegungen von Genesis 1,27 sind diese:

Der Ausdruck „Gottes Bild“ für Menschen wird zumeist im Alten Orient gebraucht, wenn es um die Legitimation des Königs geht. Allein der König ist dann „Bild Gottes“ gegenüber allen anderen Menschen. Um „den“ Menschen oder um „die Menschheit“ handelt es sich an keiner der „Parallelstellen“. Läge diese Tradition hier dennoch zugrunde, dann müsste die Anwendung in der Bibel stark verändert sein. Wäre dann vom Menschen als dem königlichen Geschlecht gegenüber den Tieren die Rede? Die Menschen wären eine Familie von Royals, berufen zur Herrschaft über alles übrige Belebte. Angenommen, diese Auslegung träfe zu – was bedeutete sie für die Menschenrechte? Die Antwort wäre: rein gar nichts. Denn die Menschenrechte sind solche, die der Mensch gegenüber jedem anderen Menschen zu wahren hat.

Nun haben besonders Karl Barth und Claus Westermann vorgeschlagen, Genesis 1,27 als Aussage vor allem über das Verhältnis von Gott und Mensch aufzufassen[1]. Der Ton liegt dann hier nicht auf der Würde des Menschen, sondern auf dem Akt des Erschaffens. Gott schafft den Menschen als sein eigenes Gegenüber, als das Wesen, zu dem er reden kann, das auf ihn hören und mit ihm reden kann. Der Mensch ist dann nicht Repräsentant Gottes gegenüber dem Rest der Schöpfung. Sondern er ist in erster Linie Partner Gottes. Und so sind die Sätze in 1,26 und 1,28 als Befehle Gottes, nicht aber als Beschreibung der königlichen Würde des Menschen aufzufassen.

Ich möchte hinzufügen: Nach Genesis 5,3 hat Adam seinen Sohn Seth gezeugt, „ihm gleich und nach seinem Bilde" und nannte ihn Seth. Die gleich lautende Formel (vgl. Genesis 5,1!) beschreibt auch hier nicht die Repräsentanz gegenüber der Schöpfung, sondern das Verhältnis zwischen Adam und Seth, also zwischen Erzeuger und Sohn.

Und für das Neue Testament muss ich hinzufügen: Diese Deutung von Genesis 1,27 im Lichte von Genesis 5,3 hat auch den Vorteil, dass auch im Neuen Testament kein völliger Bedeutungswandel vorliegt. Denn alle Stellen, an denen, abgesehen von Jakobusbrief 3,9, vom Bild Gottes die Rede ist, gelten ausschließlich von Jesus Christus. Er ist das alleinige Bild Gottes nach dem überwältigenden Zeugnis des Neuen Testaments.

Umgekehrt kann daher der einzig legitime Schluss sein: Die Formel über Ähnlichkeit und Bild besagt etwas über die Nähe zwischen Erzeuger und Erzeugtem (Vater und Sohn, bzw.

---

1 C. Westermann: Genesis 1–11 (Bibl. Kommentar Altes Testament), Neukirchen, 2.A.1976, 199–214.

Schöpfer und Geschöpf), und zwar im Sinne einer einzigartigen Beziehung und Nähe, wie sie größer nicht sein kann. Das heißt: Die diskutierte Formel ist in ihrer Anwendung nicht ein für alle Mal, etwa auf die Menschheit, festgelegt, sondern variabel. Derjenige, der jeweils nach dem Kontext Gott am nächsten steht, heißt Gottes Bild und ist ihm ähnlich. Ganz konsequent ist daher auch – und das bestätigt unsere Hypothese, dass sich der Sprachgebrauch gegenüber dem Alten Testament nicht verändert hat – dass in Lukas 3,38 am Ende des Stammbaums Jesu von Adam gesagt wird, er sei „von Gott“. Und zwar so, wie im Stammbaum jeder Sohn von seinem Vater abstammte.

Im Blick auf unser Thema bedeutet das aber:

In Genesis 1,27 ist das Thema lediglich die Partnerschaft zwischen Gott und Mensch. Der Mensch erscheint hier weder als Inhaber von Rechten noch in der von anderen zu achtenden Würde. Der Unterschied zu den anderen Kreaturen, der gewiss gegeben ist, besteht darin, dass der Mensch Adressat der Rede und daher der Befehle Gottes ist. Der Mensch hat Ohren, die die anderen nicht haben. Und Gottes Ohr ist ähnlich, nämlich mit dem des Menschen kompatibel. Daher gibt es Kommunikation. Nach der „Priesterschrift“, in der dieses Stück steht, sind die Höhepunkte dieser Kommunikation dann die Gesetzgebung am Sinai einerseits und der Lobpreis Gottes im Tempel andererseits.

Die Nähe des Menschen zu Gott nach Genesis 1,27 äußert sich nicht so, dass andere Kreaturen aktive Konsequenzen daraus ziehen müssten. Es ist ja nicht so, dass Katzen und Mäuse vor dem Menschen auf die Knie fallen.

Im Neuen Testament ist Jesus Christus das alleinige Bild Gottes, denn er steht Gott am nächsten und ist in einem Sinne Sohn Gottes wie kein anderer Mensch. Für eine „Menschenwürde“, die über die anderer Menschen hinausginge, besagt das gar nichts. Wohl aber für seine Gottesnähe.

Es wird insofern nicht erkennbar, dass aus dem Verhältnis „Ähnlichkeit und Bild“ Konsequenzen für Dritte entsprängen. Es handelt sich immer um eine Zweierbeziehung. Das gilt auch dann, wenn Genesis 1,27 die ganze „Menschheit“ umfasst.

Vielleicht stellt das Slavische Henochbuch, eine bedeutende jüdische apokryphe Schrift aus dem 1. Jahrhundert n. Chr.[1], eine gute Interpretation von Genesis 1,26f dar. Diese Interpretation ist die älteste originelle Deutung von Genesis 1,26f, die wir besitzen, und sie stammt aus einem priesterlichem Milieu wie auch Genesis 1. Hier heißt es: „Der Herr hat den Menschen mit seinen eigenen Händen gemacht zur Ähnlichkeit seines Angesichtes. Klein und groß hat der Herr ihn geschaffen. Und wer das Angesicht eines Menschen schmäht, schmäht das Angesicht eines Königs und verabscheut das Angesicht des Herrn. Wer das Angesicht eines Menschen verachtet, verachtet das Angesicht des Herrn. Wer gegen irgendeinen Menschen Zorn übt ohne vorausgegangene Kränkung, den wird der große Zorn des Herrn dahinmähen. Wer in das Angesicht eines Menschen speit, den wird Schmach zum großen Gericht des Herrn dahinmähen.“ Böttrich bemerkt dazu: „Gott hat den Menschen als König eingesetzt (30,12; 58,3) und nach der Ähnlichkeit seines Angesichtes geschaffen (44,1)“, vgl. auch 52,4–52,2: „Verflucht ist jeder Mensch, der sein Herz öffnet zur Schmähung und den Armen schmäht und den Nächsten verleumdet, denn dieser schmäht Gott.“ (ibid.) Diese Interpretation bestätigt die Vermutung vieler Exegeten, auch schon Genesis 1,26f rede vom König als Bild Gottes. Diese Deutung hatten die Exegeten bisher aus altorientalischen Quellen. Hier ergibt sie sich aus einer jüdischen. Was bedeutet das inhaltlich? Zunächst wird deutlich, dass Ja-

1 Böttrich, Christfried: Das slavische Henochbuch (JSHRZ V,7), Gütersloh 1995

kobusbrief 3,9 sehr gut in diesen jüdischen Kontext passt. Denn auch hier geht es um das Schmähen „ins Angesicht". Das Angesicht gilt als besonders sensibles Organ. Hier werden Schmähung und Spott aufgenommen. Damit wird auch Gott verletzt. Denn im Bild Gottes ist ein Stückchen seiner selbst. Es ist nicht der Mensch um seiner selbst willen, der verletzt wird, sondern es ist Gott in ihm. Daher ist auch nicht von leibhaftigen oder körperlichen Verbrechen oder von Eigentums- und anderen Gewaltdelikten die Rede. Denn diese kann man nicht gegen Gott verüben, der keinen Leib hat. Schmähen aber bezeichnet wohl den Gegensatz dessen, was man später „Würde" des Menschen nennt. Und warum mit dem Schmähen des Menschen Gott betroffen ist, das erhellt ebenfalls das jüdische Gesandtenrecht. Denn was man dem Gesandten antut, das hat man Gott getan. Die Vorstellung der Ebenbildlichkeit ist also eine direkte Analogie zum Gesandtenrecht, vielleicht sogar mehr oder weniger mit ihm identisch. In jedem Falle aber ist der Gesandte nur wertvoll, weil und wenn man in ihm den Sendenden trifft. Damit ist die Theonomie (das heißt: die Lebensnorm wird von Gott bestimmt) in Genesis 1,26 deutlicher herausgestellt als etwa eine Regentschaft gegenüber den Tieren.

Im Slavischen Henochbuch 50,4 heißt es im Blick auf Genesis 9,6: „Denn der Herr ist es, der vergilt, (und) er wird euch ein Rächer sein am Tag des großen Gerichtes, damit ihr nicht hier von Menschen gerächt werdet, sondern dort von dem Herrn."

Aber geht es in Psalm 8,5–10 nicht um die Menschenwürde? – Dem Menschen wurden Herrschaftsbefugnisse verliehen, aber nur gegenüber den Tieren. Um Rechte gegenüber anderen Menschen geht es gar nicht. Der Mensch hat Anteil an Gottes Herrlichkeit, diese wird gepriesen. Als „Hirte aller Tiere" steht der Mensch zwischen Gott und Tier, mehr nicht.

Im Übrigen wird im Neuen Testament Psalm 8 und die Ebenbildlichkeit nach Genesis 1,27 exklusiv auf Jesus Christus bezogen.

Rechte des Menschen, die ihm andere Menschen nicht nehmen dürften und die daher unveräußerlich wären, kennt die Bibel überhaupt nicht. Die Hoheitsaussagen über den Menschen gelten gegenüber den Tieren und beschreiben, was ihre Begründung betrifft, die Anschauung, der Mensch sei als Gottes Partner diesem ähnlicher als jede andere Kreatur. Es handelt sich, wenn man so will, um theozentrische Aussagen.

Vielmehr ist es bezeichnend für die abendländische Tradition über Würde und Rechte des Menschen, dass sie eben nicht von der äußeren Beziehung zu Gott (Ähnlichkeit) oder Tieren (Befehlsgewalt) ausgeht, sondern vom Inneren des Menschen, von seiner Vernunft. Das geschieht im biblischen Judentum und im Urchristentum allerdings noch nicht. Der erste, der unter starkem Einfluss der griechischen Philosophie davon redet, ist der jüdische Philosoph Philo von Alexandrien. Er setzt denn auch Genesis 1,27 mit dem Vernunftgebrauch des Menschen in eins und begründet damit eben jene Tradition, von der wir eingangs berichteten, als seien Menschenwürde und Menschenrechte in der Bibel begründet (Über die Weltschöpfung 24f.: Der Mensch ist ein Ebenbild des göttlichen Logos).

Philo sagt in der Schrift De Plantatione 18f: „Aber während die anderen unseren Geist als Teil des Äthers bezeichnet und den Menschen mit dem Äther verwandtschaftlich verknüpft haben, hat der große Moses mit keinem Gewordenen die Art der denkenden Seele gleichgesetzt, sondern sie als echtes Prägebild jenes göttlichen, unsichtbaren Pneumas bezeichnet, welches Merkmal und Prägung erhielt durch das Siegel Gottes, dessen Gepräge der ewige Logos ist; denn Gott blies ihm, wie es heißt, ins Antlitz den Hauch des Lebens, so dass notwendig der Empfänger ein Abbild des Entsenders ist; deshalb heißt es auch, dass „nach dem Abbild Gottes" der Mensch geworden ist (Genesis 1,27), nicht nach dem Abbild von irgendetwas Gewordenem. Da nun die Seele nach dem Urbild des göttlichen Logos gebildet wurde, so musste auch der Körper aufgerichtet werden ...".

Philo hat dieses platonische und stoische Gedankengut in die Bibel eingetragen. Und dieses Gedankengut hätte gut und gerne auch ohne seine Verknüpfung bestehen bleiben können.

Die philonische Verknüpfung ist vielmehr der Grund für eine bleibende Spannung im abendländischen Menschenbild geworden, für die Spannung zwischen Theonomie und Autonomie. Denn die biblischen Aussagen über den Menschen nach Genesis 1 und Psalm 8 sind theonom ausgerichtet. Alle Aussagen über den Menschen gelten nur in der Relation zu Gott und im Rahmen seiner Ordnung. Wenn der Mensch dagegen von Natur aus Vernunft in sich trägt, ist er eben nicht befehlsabhängig gegenüber Gott. Auch dann nicht, wenn man sich zu der Synthese durchringt, die Vernunft sei eben von Gott in den Menschen hineingelegt worden. Diese Synthese ist seit Philo oft gedacht worden, hebt aber die Spannung von Theonomie und Autonomie nicht auf.

Im Blick auf Philo von Alexandrien wird man daher sagen können: Weder die Konzeption von an sich bestehender Menschenwürde noch die von Menschenrechten lässt sich aus der Bibel begründen. Dafür ist der Abstand von Theonomie und Autonomie zu groß. Aber Philo von Alexandrien hat eine „Synthese" von Platonismus und Judentum vollzogen, die dann eine entsprechende Wirkungsgeschichte hatte. Bei historischen Synthesen geht es nicht um deren philologisch-inhaltliche Legitimität, sondern darum, dass sich Ansätze gefunden haben. Bei Philo haben sich Genesis 1 und Platonismus gefunden und eine mächtige Wirkung entfaltet. Dass dies gewissermaßen an den neutestamentlichen Aussagen vorbei geschah, die, abgesehen von Jakobusbrief 3,9, die Ebenbildlichkeit für Christus reklamieren, sei nur nebenbei bemerkt.

Mir geht es darum zu zeigen, dass man durch einen „biblischen Schriftbeweis“ keine Chance hat, die Menschenrechte der Aufklärung überzeugend zu begründen. Also sollte man es lassen – oder aber zu einer Theonomie zurückkehren. Doch spätestens seit der Aufklärung ist das Abendland einen anderen Weg gegangen. Dass ich diesen Punkt, ganz speziell diesen, als biblischer Theologe nur bedauern kann, habe ich oft gesagt. Er wird in der Diskussion über Menschenrechte mit dem Islam noch eine hervorragende Rolle spielen.

Menschenrecht nach Genesis 9,6?

Philo von Alexandrien weist (Über die Träume I 74) bei der Erörterung von Genesis 1,27 ausdrücklich auf Genesis 9,6: „Wer Menschenblut vergießt, dessen Blut soll statt dessen vergossen werden, denn Gott hat den Menschen nach seinem Bild erschaffen.“ Hier wird zumindest Unrecht von Menschen gegen Menschen geahndet. Und Genesis 9,6 steht in der Bibel wie Genesis 1 in der Urgeschichte und zudem in der „Priesterschrift“. Genesis 9,6 verkündet das Recht der Talio, also der genauen Entsprechung zwischen Schuld (Tat) und Strafe. Dazu ist zu bemerken:

Von einem positiven Rechtsanspruch des Menschen ist hier nicht die Rede, es wird lediglich begründet, dass und warum man ihn nicht ermorden darf. Es wird auch nicht gesagt, der Mensch sei als Mensch Träger dieses verletzlichen Gutes (Blut, Leben) und daher als Mensch „heilig“. Vielmehr heißt es nur: Wer Menschen mordet, der bekommt es mit Gott zu tun.

Die Begründung heißt übersetzt: Weil der Mensch Gott nahe steht wie ein Kind dem Vater, weil Gott „sein großer Bruder“ ist.

Im Hintergrund steht zudem die Auffassung, dass alles Blut Gott gehört, weil ihm alles Leben gehört (Genesis 9,4f). Im Frühjudentum wird die Talio streng auf alles bezogen, worin man Gottes Recht verletzt. Das gilt insbesondere für Gottes Gesandte, und hier kommt das Schaliach-Institut zur Geltung: Wer dem Gesandten etwas antut, hat es dem angetan, der ihn gesandt hat. Immer mehr orientiert sich das Judentum in Richtung auf Matthäus 5,42–44: Dem Menschen ist die Talio untersagt, nur Gott darf sie üben.

Auch in Genesis 9,6 geht es daher in jeder Hinsicht um Gottes Recht. Dieses besteht am Blut jedes Lebewesens im Allgemeinen und am Menschen als seinem Partner (beziehungsweise Abkömmling) insbesondere. Das vernünftige Innenleben des Menschen bleibt hier in jeder Hinsicht außer Betracht.

Nun könnte man mit Genesis 9,6 wie folgt argumentieren: Der Text geht über Genesis 1,26 hinaus und nimmt das, was dort nur für die Vertikale gilt, nunmehr auch für die Horizontale an. Denn in Genesis 1,26 wird die Ebenbildlichkeit nur zwischen Gott und Mensch behauptet, also „von oben nach unten". In Genesis 9,6 dagegen hat sie Konsequenzen für das Verhalten der Menschen untereinander. Also gilt sie hier auch in der Horizontalen. Denn von keinem Tier wird hier dergleichen gesagt, und deshalb steht der Mensch hier auch ganz anders da als die Tiere. Die Behauptung mit der Vertikalen trifft zu. Aber was ist denn die Konsequenz in Genesis 9,6? Das besondere Privileg des Menschen nach dieser Stelle besteht darin, dass der Mörder einen menschlichen Henker verdient. Er soll nicht einfach von irgendwelchen Tieren gefressen werden, sondern der Mörder darf nur durch einen Menschen umkommen. Denn der Henker ist von seiner Art. Es wird hier noch nicht einmal gesagt, dass der Mensch „mehr wert" sei als die Tiere, sondern lediglich, dass sein Status in der Schöpfung einen menschlichen Vollzugsbeamten, der die Talio vollstreckt, verdient hat. Ich sehe mich außerstande, in diesem Zwang zu einem menschlichen Henker ein besonderes Merkmal von Menschenwürde oder Menschenrecht zu sehen. Im Übrigen scheint es sehr wohl so zu sein, dass der Henker den Mörder dann schächten muss.

Praktische Konsequenzen: Weder kennt die Bibel eigenständige Rechte des Menschen, noch sagt sie irgendetwas über seinen Status außerhalb einer sehr engen Beziehung zu Gott. Wenn also zum Beispiel bei der Diskussion um die europäische Verfassung etwas über das jüdisch-christliche Menschenbild gesagt werden soll, dann kann man das nicht einfach unter Menschenwürde oder Menschenrechten subsumieren. Vielmehr müsste man sagen: Der Mensch ist hier nicht denkbar ohne seine Einbettung in die göttliche Ordnung. Er ist ganz und gar von der Nähe zu Gott her bestimmt. Er ist Gottes Partner, aber das ist nicht sein Recht, sondern seine Bestimmung. Hält der Mensch sich nicht an Gottes Ordnung und Gebot, dann hat er seine Bestimmung verfehlt.

Der tiefere Grund dafür, dass die Bibel einer Autonomie des Menschen nicht das Wort redet, liegt darin, dass die Bibel ein positives Verständnis menschlicher Freiheit nicht kennt. Der Mensch ist zwar stets verantwortlich im Rahmen von Gehorsam oder Ungehorsam, aber in diesen Rahmen hat Gott ihn hineingestellt. Und eine Freiheit gibt es nur als Freiheit „von" etwas. Und zwar letztlich im Neuen Testament als Freiheit von Sünde, Tod und Teufel. Aber es gibt die Freiheit nicht als legitime Möglichkeit, sich jenseits des von Gott Gesetzten eine eigene Ordnung zu geben. Und auch dort, wo alles Gesetz in den Liebesgeboten zusammengefasst ist, ist der Mensch selbstverständlich gehalten, danach zu fragen, was Gott im Sinne dieser Gebote von ihm will. Das ist dann keine Autonomie, sondern eine verschärfte, weil über die Verpflichtung durch jeglichen Buchstaben noch weit hinausgehende Theonomie . Für eine im Sinne von Autonomie verstandene Freiheit hätte die Bibel weder im Alten noch im Neuen Testament auch nur ein Wort übrig.

Der Beitrag des Christentums zur Gestaltung öffentlichen Lebens kann kein anderer sein als diese Wahrheit klar zu bezeugen. Dass damit auch ein hermeneutisches Problem verbunden ist, liegt auf der Hand. Zumindest sollte gelten: Kein Interpret kann sich darüber hinwegsetzen, wo die Bibel eindeutig „Nein“ sagt.

Ausblick: Prüfsteine für eine christliche Politik

Das Attribut „christlich“ hängt weniger davon ab, wie oft das Wort „Gott“ verwendet wird oder ob Teile des Glaubensbekenntnisses zur Garnierung der Reden verwendet werden.

Im Sinne der Ausführungen dieses Buches wird eine Politik christlich genannt werden können, wenn sie dem biblischen Konzept von Gerechtigkeit folgt, also einem kommunitären, nicht einem individualistischen Verständnis. Christlich wird sie sein können, wenn jede geistlose Ansammlung von Macht und Gewalt in Grund und Boden kritisiert werden darf. Christlich wird sein, wenn nicht jede inhumane Entscheidung auf die Zwangsläufigkeiten und Eigengesetzlichkeiten des Marktes zurückgeführt wird. Der Markt ist keine Mechanismus, sondern auch hier gibt es menschliche Mitspieler, die gegebenenfalls ihre Grundsätze haben. Dazu gehört zum Beispiel, dass ein Mensch vom Lohn seiner Arbeit leben können muss.

Zu einer christlichen Politik gehört die Orientierung an dem, was bleibt und bleiben kann, also an dem, was das Herz des Menschen schützt und nicht zerreißt. Mit „Herz“ ist hier seine Fähigkeit zum Frieden mit sich und anderen gemeint. Christliche Politik wird die Fähigkeit zur Freundschaft neu entdecken.

In christlicher Politik liegt das Schwergewicht auf Erziehung, Bildung und Ausbildung, denn hier werden die Menschen geprägt. Und an dem Niveau, das darin erreicht wird, entscheidet es sich, ob Menschen zu allem verführbare Nutztiere sind oder eben nicht.

Eine christliche Politik wird sich für eine radikale Orientierung an der Zukunft einsetzen und die „Toten ihre Toten begraben lassen“.

Christlich ist eine Politik, die sich daran orientiert, dass man sich selbst, den anderen, Kultur und Umwelt als anvertrautes Gut betrachtet. Dass es Gott ist, der dieses anvertraut hat und dem man über die Verwaltung seiner Güter Rechenschaft ablegen wird, das muss nicht in jedem Satz extra gesagt werden. „Sachgemäßheit“ christlicher Politik heißt nicht teilnahmslose Neutralität, sondern Verantwortung für die Welt, die uns umgibt.

Im Extremfall kann ein christlicher Politiker – wenn auch nicht nur er – mit dem eigenen Leben die Wahrheit und Gottes Gesetz schützen. Die biblischen Gemeindebriefe der Offenbarung des Sehers Johannes haben den Typus des „Überwinders“ hervorgebracht. Der Überwinder, der innerliche Sieger, der Prototyp eines neuen Menschen, ist fürs Erste ein Held der Niederlage.